T&P BOOKS

ARABE

VOCABULAIRE

POUR L'AUTOFORMATION

FRANÇAIS ARABE

Les mots les plus utiles
Pour enrichir votre vocabulaire et aiguiser
vos compétences linguistiques

3000 mots

Vocabulaire Français-Arabe Égyptien pour l'autoformation - 3000 mots
Dictionnaire thématique
Par Andrey Taranov

Les dictionnaires T&P Books ont pour but de vous aider à apprendre, à mémoriser et à réviser votre vocabulaire en langue étrangère. Ce dictionnaire thématique couvre tous les grands domaines du quotidien: l'économie, les sciences, la culture, etc ...

Acquérir du vocabulaire avec les dictionnaires thématiques T&P Books vous offre les avantages suivants:

- Les données d'origine sont regroupées de manière cohérente, ce qui vous permet une mémorisation lexicale optimale
- La présentation conjointe de mots ayant la même racine vous permet de mémoriser des groupes sémantiques entiers (plutôt que des mots isolés)
- Les sous-groupes sémantiques vous permettent d'associer les mots entre eux de manière logique, ce qui facilite votre consolidation du vocabulaire
- Votre maîtrise de la langue peut être évaluée en fonction du nombre de mots acquis

T&P Books Publishing
www.tpbooks.com

ISBN: 978-1-78716-798-8

Ce livre existe également en format électronique.
Pour plus d'informations, veuillez consulter notre site: www.tpbooks.com ou rendez-vous sur ceux des grandes librairies en ligne.

VOCABULAIRE ARABE ÉGYPTIEN POUR L'AUTOFORMATION
Dictionnaire thématique

Les dictionnaires T&P Books ont pour but de vous aider à apprendre, à mémoriser et à réviser votre vocabulaire en langue étrangère. Ce lexique présente, de façon thématique, plus de 3000 mots les plus fréquents de la langue.

- Ce livre comporte les mots les plus couramment utilisés
- Son usage est recommandé en complément de l'étude de toute autre méthode de langue
- Il répond à la fois aux besoins des débutants et à ceux des étudiants en langues étrangères de niveau avancé
- Il est idéal pour un usage quotidien, des séances de révision ponctuelles et des tests d'auto-évaluation
- Il vous permet de tester votre niveau de vocabulaire

Spécificités de ce dictionnaire thématique:

- Les mots sont présentés de manière sémantique, et non alphabétique
- Ils sont répartis en trois colonnes pour faciliter la révision et l'auto-évaluation
- Les groupes sémantiques sont divisés en sous-groupes pour favoriser l'apprentissage
- Ce lexique donne une transcription simple et pratique de chaque mot en langue étrangère

Ce dictionnaire comporte 101 thèmes, dont:

les notions fondamentales, les nombres, les couleurs, les mois et les saisons, les unités de mesure, les vêtements et les accessoires, les aliments et la nutrition, le restaurant, la famille et les liens de parenté, le caractère et la personnalité, les sentiments et les émotions, les maladies, la ville et la cité, le tourisme, le shopping, l'argent, la maison, le foyer, le bureau, la vie de bureau, l'import-export, le marketing, la recherche d'emploi, les sports, l'éducation, l'informatique, l'Internet, les outils, la nature, les différents pays du monde, les nationalités, et bien d'autres encore ...

TABLE DES MATIÈRES

GUIDE DE PRONONCIATION

Alphabet phonétique T&P	Exemple en arabe égyptien	Exemple en français
[a]	[ṭaffa] طفّى	classe
[ā]	[eχtār] إختار	camarade
[e]	[setta] ستّة	équipe
[i]	[minā˒] ميناء	stylo
[ī]	[ebrīl] إبريل	industrie
[o]	[oɣosṭos] أغسطس	normal
[ō]	[ḥalazōn] حلزون	tableau
[u]	[kalkutta] كلكتا	boulevard
[ū]	[gamūs] جاموس	sucre
[b]	[bedāya] بداية	bureau
[d]	[sa˓āda] سعادة	document
[ḍ]	[waḍ˓] وضع	[d] pharyngale
[ʒ]	[arʒantīn] الأرجنتين	jeunesse
[ẓ]	[ẓahar] ظهر	[z] pharyngale
[f]	[χafīf] خفيف	formule
[g]	[bahga] بهجة	gris
[h]	[ettegāh] إتّجاه	[h] aspiré
[ḥ]	[ḥabb] حبّ	[h] pharyngale
[y]	[dahaby] ذهبي	maillot
[k]	[korsy] كرسي	bocal
[l]	[lammaḥ] لمّح	vélo
[m]	[marṣad] مرصد	minéral
[n]	[ganūb] جنوب	ananas
[p]	[kaputʃino] كابتشينو	panama
[q]	[wasaq] وثق	cadeau
[r]	[roḥe] روح	racine, rouge
[s]	[soχreya] سخرية	syndicat
[ṣ]	[me˓ṣam] معصم	[s] pharyngale
[ʃ]	[˓aʃā˒] عشاء	chariot
[t]	[tanūb] تنوب	tennis
[ṭ]	[χarīṭa] خريطة	[t] pharyngale
[θ]	[mamūθ] ماموث	consonne fricative dentale sourde
[v]	[vietnām] فيتنام	rivière
[w]	[wadda˓] ودّع	iguane
[χ]	[baχīl] بخيل	scots - nicht, allemand - Dach
[ɣ]	[etɣadda] إتغدّى	g espagnol - amigo, magnífico
[z]	[me˓za] معزة	gazeuse
[˓] (ayn)	[sab˓a] سبعة	consonne fricative pharyngale voisée
[˒] (hamza)	[sa˒al] سأل	coup de glotte

ABRÉVIATIONS
employées dans ce livre

Abréviations en arabe égyptien

du	-	nom (à double) pluriel
f	-	nom féminin
m	-	nom masculin
pl	-	pluriel

Abréviations en français

adj	-	adjective
adv	-	adverbe
anim.	-	animé
conj	-	conjonction
dénombr.	-	dénombrable
etc.	-	et cetera
f	-	nom féminin
f pl	-	féminin pluriel
fam.	-	familiar
fem.	-	féminin
form.	-	formal
inanim.	-	inanimé
indénombr.	-	indénombrable
m	-	nom masculin
m pl	-	masculin pluriel
m, f	-	masculin, féminin
masc.	-	masculin
math	-	mathematics
mil.	-	militaire
pl	-	pluriel
prep	-	préposition
pron	-	pronom
qch	-	quelque chose
qn	-	quelqu'un
sing.	-	singulier
v aux	-	verbe auxiliaire
v imp	-	verbe impersonnel
vi	-	verbe intransitif
vi, vt	-	verbe intransitif, transitif
vp	-	verbe pronominal
vt	-	verbe transitif

CONCEPTS DE BASE

1. Les pronoms

je	ana	أنا
tu (masc.)	enta	أنت
tu (fem.)	enty	أنت
il	howwa	هوّ
elle	hiya	هيّ
nous	eḥna	إحنا
vous	antom	أنتم
ils, elles	hamm	همّ

2. Adresser des vœux. Se dire bonjour

Bonjour! (form.)	assalamu ʿalaykum!	!السلام عليكم
Bonjour! (le matin)	ṣabāḥ el χeyr!	!صباح الخير
Bonjour! (après-midi)	neharak saʿīd!	!نهارك سعيد
Bonsoir!	masāʾ el χeyr!	!مساء الخير
dire bonjour	sallem	سلّم
Salut!	ahlan!	!أهلاً
salut (m)	salām (m)	سلام
saluer (vt)	sallem ʿala	سلّم على
Comment ça va?	ezzayek?	ازّيك؟
Quoi de neuf?	aχbārak eyh?	أخبارك ايه؟
Au revoir!	maʿ el salāma!	!مع السلامة
À bientôt!	aʃūfak orayeb!	!أشوفك قريب
Adieu!	maʿ el salāma!	!مع السلامة
dire au revoir	waddaʿ	ودّع
Salut! (À bientôt!)	bay bay!	!باي باي
Merci!	ʃokran!	!شكراً
Merci beaucoup!	ʃokran geddan!	!شكراً جداً
Je vous en prie	el ʿafw	العفو
Il n'y a pas de quoi	la ʃokr ʿala wāgeb	لا شكر على واجب
Pas de quoi	el ʿafw	العفو
Excuse-moi!	ʿan eznak!	!عن إذنك
Excusez-moi!	baʿd ezn ḥadretak!	!بعد إذن حضرتك
excuser (vt)	ʿazar	عذر
s'excuser (vp)	eʿtazar	أعتذر
Mes excuses	ana ʾāsef	أنا آسف
Pardonnez-moi!	ana ʾāsef!	!أنا آسف

pardonner (vt)	ʿafa	عفا
s'il vous plaît	men faḍlak	من فضلك
N'oubliez pas!	ma tensāʃ!	ما تنساش!
Bien sûr!	ṭabʿan!	طبعاً!
Bien sûr que non!	laʾ ṭabʿan!	لأ طبعاً!
D'accord!	ettafaʾna!	إتّفقنا!
Ça suffit!	kefāya!	كفاية!

3. Les questions

Qui?	mīn?	مين؟
Quoi?	eyh?	ايه؟
Où? (~ es-tu?)	feyn?	فين؟
Où? (~ vas-tu?)	feyn?	فين؟
D'où?	meneyn?	منين؟
Quand?	emta	امتى؟
Pourquoi? (~ es-tu venu?)	ʿaʃān eyh?	عشان ايه؟
Pourquoi? (~ t'es pâle?)	leyh?	ليه؟
À quoi bon?	l eyh?	لـ ليه؟
Comment?	ezāy?	إزاي؟
Quel? (à ~ prix?)	eyh?	ايه؟
Lequel?	ayī?	أيّ؟
À qui? (pour qui?)	le mīn?	لمين؟
De qui?	ʿan mīn?	عن مين؟
De quoi?	ʿan eyh?	عن ايه؟
Avec qui?	maʿ mīn?	مع مين؟
Combien?	kām?	كام؟
À qui? (~ est ce livre?)	betāʿet mīn?	بتاعت مين؟

4. Les prépositions

avec (~ toi)	maʿ	مع
sans (~ sucre)	men ɣeyr	من غير
à (aller ~ ...)	ela	إلى
de (au sujet de)	ʿan	عن
avant (~ midi)	ʾabl	قبل
devant (~ la maison)	ʾoddām	قدّام
sous (~ la commode)	taḥt	تحت
au-dessus de ...	foʾe	فوق
sur (dessus)	ʿala	على
de (venir ~ Paris)	men	من
en (en bois, etc.)	men	من
dans (~ deux heures)	baʿd	بعد
par dessus	men ʿala	من على

5. Les mots-outils. Les adverbes. Partie 1

Où? (~ es-tu?)	feyn?	فين؟
ici (c'est ~)	hena	هنا
là-bas (c'est ~)	henāk	هناك
quelque part (être)	fe makānen ma	في مكان ما
nulle part (adv)	meʃ fi ayī makān	مش في أيّ مكان
près de ...	ganb	جنب
près de la fenêtre	ganb el ʃebbāk	جنب الشبّاك
Où? (~ vas-tu?)	feyn?	فين؟
ici (Venez ~)	hena	هنا
là-bas (j'irai ~)	henāk	هناك
d'ici (adv)	men hena	من هنا
de là-bas (adv)	men henāk	من هناك
près (pas loin)	ʾarīb	قريب
loin (adv)	beʿīd	بعيد
près de (~ Paris)	ʿand	عند
tout près (adv)	ʾarīb	قريب
pas loin (adv)	meʃ beʿīd	مش بعيد
gauche (adj)	el ʃemāl	الشمال
à gauche (être ~)	ʿalal ʃemāl	على الشمال
à gauche (tournez ~)	lel ʃemāl	للشمال
droit (adj)	el yemīn	اليمين
à droite (être ~)	ʿalal yemīn	على اليمين
à droite (tournez ~)	lel yemīn	لليمين
devant (adv)	ʾoddām	قدّام
de devant (adj)	amāmy	أمامي
en avant (adv)	ela el amām	إلى الأمام
derrière (adv)	waraʾ	وراء
par derrière (adv)	men wara	من ورّا
en arrière (regarder ~)	le wara	لورّا
milieu (m)	wasaṭ (m)	وسط
au milieu (adv)	fel wasat	في الوسط
de côté (vue ~)	ʿala ganb	على جنب
partout (adv)	fe kol makān	في كل مكان
autour (adv)	ḥawaleyn	حوالين
de l'intérieur	men gowwah	من جوّه
quelque part (aller)	le ʾayī makān	لأي مكان
tout droit (adv)	ʿala ṭūl	على طول
en arrière (revenir ~)	rogūʿ	رجوع
de quelque part (n'import d'où)	men ayī makān	من أيّ مكان
de quelque part (on ne sait pas d'où)	men makānen mā	من مكان ما

premièrement (adv)	awwalan	أوّلاً
deuxièmement (adv)	sāneyan	ثانياً
troisièmement (adv)	sālesan	ثالثاً
soudain (adv)	fag'a	فجأة
au début (adv)	fel bedāya	في البداية
pour la première fois	le 'awwel marra	لأوّل مرّة
bien avant …	'abl … be modda ṭawīla	قبل... بمدة طويلة
de nouveau (adv)	men gedīd	من جديد
pour toujours (adv)	lel abad	للأبد
jamais (adv)	abadan	أبداً
de nouveau, encore (adv)	tāny	تاني
maintenant (adv)	delwa'ty	دلوقتي
souvent (adv)	ketīr	كثير
alors (adv)	wa'taha	وقتها
d'urgence (adv)	'ala ṭūl	على طول
d'habitude (adv)	'ādatan	عادةً
à propos, …	'ala fekra …	على فكرة...
c'est possible	momken	ممكن
probablement (adv)	momken	ممكن
peut-être (adv)	momken	ممكن
en plus, …	bel eḍāfa ela …	بالإضافة إلى...
c'est pourquoi …	'aʃān keda	عشان كده
malgré …	bel raɣm men …	بالرغم من...
grâce à …	be faḍl …	بفضل...
quoi (pron)	elly	إللي
que (conj)	ennu	إنّه
quelque chose (Il m'est arrivé ~)	ḥāga (f)	حاجة
quelque chose (peut-on faire ~)	ayī ḥāga (f)	أيّ حاجة
rien (m)	wala ḥāga	ولا حاجة
qui (pron)	elly	إللي
quelqu'un (on ne sait pas qui)	ḥadd	حدّ
quelqu'un (n'importe qui)	ḥadd	حدّ
personne (pron)	wala ḥadd	ولا حدّ
nulle part (aller ~)	meʃ le wala makān	مش لـ ولا مكان
de personne	wala ḥadd	ولا حدّ
de n'importe qui	le ḥadd	لحدّ
comme ça (adv)	geddan	جداً
également (adv)	kamān	كمان
aussi (adv)	kamān	كمان

6. Les mots-outils. Les adverbes. Partie 2

Pourquoi?	leyh?	ليه؟
pour une certaine raison	le sabeben ma	لسبب ما
parce que …	'aʃān …	... عشان

pour une raison quelconque	le hadafen mā	لهدف ما
et (conj)	w	و
ou (conj)	walla	ولّا
mais (conj)	bass	بسّ
pour ... (prep)	ʿaʃān	عشان
trop (adv)	ketīr geddan	كتير جدّاً
seulement (adv)	bass	بسّ
précisément (adv)	bel ḍabṭ	بالضبط
près de ... (prep)	naḥw	نحو
approximativement	naḥw	نحو
approximatif (adj)	taqrīby	تقريبي
presque (adv)	taʾrīban	تقريباً
reste (m)	el bāʾy (m)	الباقي
chaque (adj)	koll	كلّ
n'importe quel (adj)	ayī	أيّ
beaucoup (adv)	ketīr	كتير
plusieurs (pron)	nās ketīr	ناس كتير
tous	koll el nās	كلّ الناس
en échange de ...	fi moqābel ...	في مقابل ...
en échange (adv)	fe moqābel	في مقابل
à la main (adv)	bel yad	باليد
peu probable (adj)	bel kād	بالكاد
probablement (adv)	momken	ممكن
exprès (adv)	bel ʾaṣd	بالقصد
par accident (adv)	bel ṣodfa	بالصدفة
très (adv)	ʾawy	قويّ
par exemple (adv)	masalan	مثلاً
entre (prep)	beyn	بين
parmi (prep)	wesṭ	وسط
autant (adv)	ketīr	كتير
surtout (adv)	χāṣṣa	خاصّة

NOMBRES. DIVERS

7. Les nombres cardinaux. Partie 1

zéro	ṣefr	صفر
un	wāḥed	واحد
une	waḥda	واحدة
deux	etneyn	إتنين
trois	talāta	ثلاثة
quatre	arba'a	أربعة
cinq	χamsa	خمسة
six	setta	ستّة
sept	sab'a	سبعة
huit	tamanya	ثمانية
neuf	tes'a	تسعة
dix	'aʃara	عشرة
onze	ḥedāʃar	حداشر
douze	etnāʃar	إتناشر
treize	talattāʃar	تلاتّاشر
quatorze	arba'tāʃer	أربعتاشر
quinze	χamastāʃer	خمستاشر
seize	settāʃar	ستّاشر
dix-sept	saba'tāʃar	سبعتاشر
dix-huit	tamantāʃar	تمنتاشر
dix-neuf	tes'atāʃar	تسعتاشر
vingt	'eʃrīn	عشرين
vingt et un	wāḥed we 'eʃrīn	واحد وعشرين
vingt-deux	etneyn we 'eʃrīn	إتنين وعشرين
vingt-trois	talāta we 'eʃrīn	ثلاثة وعشرين
trente	talatīn	ثلاثين
trente et un	wāḥed we talatīn	واحد وتلاتين
trente-deux	etneyn we talatīn	إتنين وتلاتين
trente-trois	talāta we talatīn	ثلاثة وثلاثين
quarante	arbe'īn	أربعين
quarante et un	wāḥed we arbe'īn	واحد وأربعين
quarante-deux	etneyn we arbe'īn	إتنين وأربعين
quarante-trois	talāta we arbe'īn	ثلاثة وأربعين
cinquante	χamsīn	خمسين
cinquante et un	wāḥed we χamsīn	واحد وخمسين
cinquante-deux	etneyn we χamsīn	إتنين وخمسين
cinquante-trois	talāta we χamsīn	ثلاثة وخمسين
soixante	settīn	ستّين
soixante et un	wāḥed we settīn	واحد وستّين

soixante-deux	etneyn we settīn	إتنين وستّين
soixante-trois	talāta we settīn	تلاتة وستّين
soixante-dix	sab'īn	سبعين
soixante et onze	wāḥed we sab'īn	واحد وسبعين
soixante-douze	etneyn we sab'īn	إتنين وسبعين
soixante-treize	talāta we sab'īn	تلاتة وسبعين
quatre-vingts	tamanīn	تمانين
quatre-vingt et un	wāḥed we tamanīn	واحد وتمانين
quatre-vingt deux	etneyn we tamanīn	إتنين وتمانين
quatre-vingt trois	talāta we tamanīn	تلاتة وتمانين
quatre-vingt-dix	tes'īn	تسعين
quatre-vingt et onze	wāḥed we tes'īn	واحد وتسعين
quatre-vingt-douze	etneyn we tes'īn	إتنين وتسعين
quatre-vingt-treize	talāta we tes'īn	تلاتة وتسعين

8. Les nombres cardinaux. Partie 2

cent	miya	ميّة
deux cents	meteyn	ميتين
trois cents	toltomiya	تلتميّة
quatre cents	rob'omiya	ربعميّة
cinq cents	χomsomiya	خمسميّة
six cents	sotomiya	ستميّة
sept cents	sob'omiya	سبعميّة
huit cents	tomnome'a	تمنمئة
neuf cents	tos'omiya	تسعميّة
mille	alf	ألف
deux mille	alfeyn	ألفين
trois mille	talat 'ālāf	تلات آلاف
dix mille	'aʃaret 'ālāf	عشرة آلاف
cent mille	mīt alf	ميت ألف
million (m)	millyon (m)	مليون
milliard (m)	millyār (m)	مليار

9. Les nombres ordinaux

premier (adj)	awwel	أوّل
deuxième (adj)	tāny	تاني
troisième (adj)	tālet	تالت
quatrième (adj)	rābe'	رابع
cinquième (adj)	χāmes	خامس
sixième (adj)	sādes	سادس
septième (adj)	sābe'	سابع
huitième (adj)	tāmen	تامن
neuvième (adj)	tāse'	تاسع
dixième (adj)	'āʃer	عاشر

LES COULEURS. LES UNITÉS DE MESURE

10. Les couleurs

couleur (f)	lone (m)	لون
teinte (f)	daraget el lōn (m)	درجة اللون
ton (m)	ṣabɣet lōn (f)	صبغة اللون
arc-en-ciel (m)	qose qozaḥ (m)	قوس قزح
blanc (adj)	abyaḍ	أبيض
noir (adj)	aswad	أسود
gris (adj)	romādy	رمادي
vert (adj)	aχḍar	أخضر
jaune (adj)	aṣfar	أصفر
rouge (adj)	aḥmar	أحمر
bleu (adj)	azra'	أزرق
bleu clair (adj)	azra' fāteḥ	أزرق فاتح
rose (adj)	wardy	وردي
orange (adj)	bortoqāly	برتقالي
violet (adj)	banaffsegy	بنفسجي
brun (adj)	bonny	بني
d'or (adj)	dahaby	ذهبي
argenté (adj)	feḍḍy	فضي
beige (adj)	bɛ:ʒ	بيج
crème (adj)	'āgy	عاجي
turquoise (adj)	fayrūzy	فيروزي
rouge cerise (adj)	aḥmar karazy	أحمر كرزي
lilas (adj)	laylaky	ليّلكي
framboise (adj)	qormozy	قرمزي
clair (adj)	fāteḥ	فاتح
foncé (adj)	ɣāme'	غامق
vif (adj)	zāhy	زاهي
de couleur (adj)	melawwen	ملوّن
en couleurs (adj)	melawwen	ملوّن
noir et blanc (adj)	abyaḍ we aswad	أبيض وأسوّد
unicolore (adj)	sāda	سادة
multicolore (adj)	mota'added el alwān	متعدّد الألوان

11. Les unités de mesure

poids (m)	wazn (m)	وزن
longueur (f)	ṭūl (m)	طول

largeur (f)	ʿarḍ (m)	عرض
hauteur (f)	ertefāʿ (m)	إرتفاع
profondeur (f)	ʿomq (m)	عمق
volume (m)	ḥagm (m)	حجم
aire (f)	mesāḥa (f)	مساحة
gramme (m)	gram (m)	جرام
milligramme (m)	milligrām (m)	ملّيغرام
kilogramme (m)	kilogrām (m)	كيلوغرام
tonne (f)	ṭenn (m)	طنّ
livre (f)	reṭl (m)	رطل
once (f)	onṣa (f)	أونصة
mètre (m)	metr (m)	متر
millimètre (m)	millimetr (m)	ملّيمتر
centimètre (m)	santimetr (m)	سنتيمتر
kilomètre (m)	kilometr (m)	كيلومتر
mille (m)	mīl (m)	ميل
pouce (m)	boṣa (f)	بوصة
pied (m)	ʾadam (m)	قدم
yard (m)	yarda (f)	ياردة
mètre (m) carré	metr morabbaʿ (m)	متر مربّع
hectare (m)	hektār (m)	هكتار
litre (m)	litre (m)	لتر
degré (m)	daraga (f)	درجة
volt (m)	volt (m)	فولت
ampère (m)	ambere (m)	أمبير
cheval-vapeur (m)	ḥoṣān (m)	حصان
quantité (f)	kemiya (f)	كميّة
un peu de ...	ʃewayet ...	شويّة...
moitié (f)	noṣṣ (m)	نصّ
douzaine (f)	desta (f)	دستة
pièce (f)	waḥda (f)	وحدة
dimension (f)	ḥagm (m)	حجم
échelle (f) (de la carte)	meʾyās (m)	مقياس
minimal (adj)	el adna	الأدنى
le plus petit (adj)	el aṣɣar	الأصغر
moyen (adj)	motawasseṭ	متوّسط
maximal (adj)	el aqṣa	الأقصى
le plus grand (adj)	el akbar	الأكبر

12. Les récipients

bocal (m) en verre	barṭamān (m)	برطمان
boîte, canette (f)	kanz (m)	كانز
seau (m)	gardal (m)	جردل
tonneau (m)	barmīl (m)	برميل
bassine, cuvette (f)	ḥoḍe lel ɣasīl (m)	حوض للغسيل

cuve (f)	χazzān (m)	خزّان
flasque (f)	zamzamiya (f)	زمزميّة
jerrican (m)	ʒerken (m)	جركن
citerne (f)	χazzān (m)	خزّان
tasse (f), mug (m)	mugg (m)	ماجّ
tasse (f)	fengān (m)	فنجان
soucoupe (f)	ṭaba' fengān (m)	طبق فنجان
verre (m) (~ d'eau)	kobbāya (f)	كوبّاية
verre (m) à vin	kāsa (f)	كاسة
faitout (m)	ḥalla (f)	حلّة
bouteille (f)	ezāza (f)	إزازة
goulot (m)	ʿonq (m)	عنق
carafe (f)	dawra' zogāgy (m)	دورّق زجاجي
pichet (m)	ebrī' (m)	إبريق
récipient (m)	weʿā' (m)	وعاء
pot (m)	aṣīṣ (m)	أصيص
vase (m)	vāza (f)	فازة
flacon (m)	ezāza (f)	إزازة
fiole (f)	ezāza (f)	إزازة
tube (m)	anbūba (f)	أنبوبة
sac (m) (grand ~)	kīs (m)	كيس
sac (m) (~ en plastique)	kīs (m)	كيس
paquet (m) (~ de cigarettes)	ʿelba (f)	علبة
boîte (f)	ʿelba (f)	علبة
caisse (f)	ṣandū' (m)	صندوق
panier (m)	salla (f)	سلّة

LES VERBES LES PLUS IMPORTANTS

13. Les verbes les plus importants. Partie 1

aider (vt)	sā'ed	ساعد
aimer (qn)	ḥabb	حبّ
aller (à pied)	meʃy	مشي
apercevoir (vt)	lāḥaẓ	لاحظ
appartenir à ...	χaṣṣ	خصّ
appeler (au secours)	estaɣās	إستغاث
attendre (vt)	estanna	إستنّى
attraper (vt)	mesek	مسك
avertir (vt)	ḥazzar	حذّر
avoir (vt)	malak	ملك
avoir confiance	wasaq	وثق
avoir faim	'āyez 'ākol	عايز آكل
avoir peur	χāf	خاف
avoir soif	'āyez aʃrab	عايز أشرب
cacher (vt)	χabba	خبّأ
casser (briser)	kasar	كسر
cesser (vt)	baṭṭal	بطّل
changer (vt)	ɣayar	غيّر
chasser (animaux)	eṣṭād	اصطاد
chercher (vt)	dawwar 'ala	دوّر على
choisir (vt)	eχtār	إختار
commander (~ le menu)	ṭalab	طلب
commencer (vt)	bada'	بدأ
comparer (vt)	qāran	قارن
comprendre (vt)	fehem	فهم
compter (dénombrer)	'add	عدّ
compter sur ...	e'tamad 'ala ...	إعتمد على...
confondre (vt)	etlaχbaṭ	إتلخبط
connaître (qn)	'eref	عرف
conseiller (vt)	naṣaḥ	نصح
continuer (vt)	wāṣel	واصل
contrôler (vt)	et-ḥakkem	إتحكّم
courir (vi)	gery	جري
coûter (vt)	kallef	كلّف
créer (vt)	'amal	عمل
creuser (vt)	ḥafar	حفر
crier (vi)	ṣarraχ	صرّخ

14. Les verbes les plus importants. Partie 2

décorer (~ la maison)	zayen	زيّن
défendre (vt)	dāfaʿ	دافع
déjeuner (vi)	etɣadda	إتغدى
demander (~ l'heure)	sa'al	سأل
demander (de faire qch)	ṭalab	طلب
descendre (vi)	nezel	نزل
deviner (vt)	χammen	خمّن
dîner (vi)	etʿasʃa	إتعشّى
dire (vt)	'āl	قال
diriger (~ une usine)	adār	أدار
discuter (vt)	nā'eʃ	ناقش
donner (vt)	edda	إدّى
donner un indice	edda lamḥa	إدّى لمحة
douter (vt)	ʃakk fe	شكّ في
écrire (vt)	katab	كتب
entendre (bruit, etc.)	semeʿ	سمع
entrer (vi)	daχal	دخل
envoyer (vt)	arsal	أرسل
espérer (vi)	tamanna	تمنّى
essayer (vt)	ḥāwel	حاول
être (vi)	kān	كان
être d'accord	ettafa'	إتّفق
être nécessaire	maṭlūb	مطلوب
être pressé	estaʿgel	إستعجل
étudier (vt)	daras	درس
exiger (vt)	ṭāleb	طالب
exister (vi)	kān mawgūd	كان موّجود
expliquer (vt)	ʃaraḥ	شرح
faire (vt)	ʿamal	عمل
faire tomber	wa''aʿ	وقّع
finir (vt)	χallaṣ	خلّص
garder (conserver)	ḥafaẓ	حفظ
gronder, réprimander (vt)	wabbeχ	وبّخ
informer (vt)	'āl ly	قال لي
insister (vi)	aṣarr	أصرّ
insulter (vt)	ahān	أهان
inviter (vt)	ʿazam	عزم
jouer (s'amuser)	leʿeb	لعب

15. Les verbes les plus importants. Partie 3

libérer (ville, etc.)	ḥarrar	حرّر
lire (vi, vt)	'ara	قرأ
louer (prendre en location)	est'gar	إستأجر

manquer (l'école)	ɣāb	غاب
menacer (vt)	hadded	هدّد
mentionner (vt)	zakar	ذكر
montrer (vt)	warra	ورّى
nager (vi)	'ām	عام
objecter (vt)	e'tarad̦	إعترض
observer (vt)	rāqab	راقب
ordonner (mil.)	amar	أمر
oublier (vt)	nesy	نسي
ouvrir (vt)	fataḥ	فتح
pardonner (vt)	'afa	عفا
parler (vi, vt)	kallem	كلّم
participer à …	ʃārek	شارك
payer (régler)	dafa'	دفع
penser (vi, vt)	fakkar	فكّر
permettre (vt)	samaḥ	سمح
plaire (être apprécié)	'agab	عجب
plaisanter (vi)	hazzar	هزّر
planifier (vt)	χaṭṭeṭ	خطّط
pleurer (vi)	baka	بكى
posséder (vt)	malak	ملك
pouvoir (v aux)	'eder	قدر
préférer (vt)	faḍḍal	فضّل
prendre (vt)	aχad	أخد
prendre en note	katab	كتب
prendre le petit déjeuner	feṭer	فطر
préparer (le dîner)	ḥaḍḍar	حضّر
prévoir (vt)	tanabba'	تنبّأ
prier (~ Dieu)	ṣalla	صلّى
promettre (vt)	wa'ad	وعد
prononcer (vt)	naṭa'	نطق
proposer (vt)	'araḍ	عرض
punir (vt)	'āqab	عاقب

16. Les verbes les plus importants. Partie 4

recommander (vt)	naṣaḥ	نصح
regretter (vt)	nedem	ندم
répéter (dire encore)	karrar	كرّر
répondre (vi, vt)	gāwab	جاوب
réserver (une chambre)	ḥagaz	حجز
rester silencieux	seket	سكت
réunir (regrouper)	waḥḥed	وحّد
rire (vi)	ḍeḥek	ضحك
s'arrêter (vp)	wa''af	وقّف
s'asseoir (vp)	'a'ad	قعد
sauver (la vie à qn)	anqaz	أنقذ

savoir (qch)	ʿeref	عرف
se baigner (vp)	sebeḥ	سبح
se plaindre (vp)	ʃaka	شكا
se refuser (vp)	rafaḍ	رفض
se tromper (vp)	ɣeleṭ	غلط
se vanter (vp)	tabāha	تباهى
s'étonner (vp)	etfāgeʾ	إتفاجئ
s'excuser (vp)	eʿtazar	إعتذر
signer (vt)	waqqaʿ	وقّع
signifier (vt)	ʾaṣad	قصد
s'intéresser (vp)	ehtamm be	إهتمّ بـ
sortir (aller dehors)	χarag	خرج
sourire (vi)	ebtasam	إبتسم
sous-estimer (vt)	estaχaff	إستخفّ
suivre ... (suivez-moi)	tatabbaʿ	تتبّع
tirer (vi)	ḍarab bel nār	ضرب بالنار
tomber (vi)	weʾeʿ	وقع
toucher (avec les mains)	lamas	لمس
tourner (~ à gauche)	ḥād	حاد
traduire (vt)	targem	ترجم
travailler (vi)	eʃtaɣal	إشتغل
tromper (vt)	χadaʿ	خدع
trouver (vt)	laʾa	لقى
tuer (vt)	ʾatal	قتل
vendre (vt)	bāʿ	باع
venir (vi)	weṣel	وصل
voir (vt)	ʃāf	شاف
voler (avion, oiseau)	ṭār	طار
voler (qch à qn)	saraʾ	سرق
vouloir (vt)	ʿāyez	عايز

LA NOTION DE TEMPS. LE CALENDRIER

17. Les jours de la semaine

lundi (m)	el etneyn (m)	الإتنين
mardi (m)	el talāt (m)	التلات
mercredi (m)	el arbe'ā' (m)	الأربعاء
jeudi (m)	el χamīs (m)	الخميس
vendredi (m)	el gom'a (m)	الجمعة
samedi (m)	el sabt (m)	السبت
dimanche (m)	el aḥad (m)	الأحد
aujourd'hui (adv)	el naharda	النهارده
demain (adv)	bokra	بكرة
après-demain (adv)	ba'd bokra (m)	بعد بكرة
hier (adv)	embāreḥ	امبارح
avant-hier (adv)	awwel embāreḥ	أوّل امبارح
jour (m)	yome (m)	يوم
jour (m) ouvrable	yome 'amal (m)	يوم عمل
jour (m) férié	agāza rasmiya (f)	أجازة رسميّة
jour (m) de repos	yome el agāza (m)	يوم أجازة
week-end (m)	nehāyet el osbū' (f)	نهاية الأسبوع
toute la journée	ṭūl el yome	طول اليوم
le lendemain	fel yome elly ba'dīh	في اليوم اللي بعديه
il y a 2 jours	men yomeyn	من يومين
la veille	fel yome elly 'ablo	في اليوم اللي قبله
quotidien (adj)	yawmy	يومي
tous les jours	yawmiyan	يومياً
semaine (f)	osbū' (m)	أسبوع
la semaine dernière	el esbū' elly fāt	الأسبوع اللي فات
la semaine prochaine	el esbū' elly gayī	الأسبوع اللي جاي
hebdomadaire (adj)	osbū'y	أسبوعي
chaque semaine	osbū'iyan	أسبوعياً
2 fois par semaine	marreteyn fel osbū'	مرّتين في الأسبوع
tous les mardis	koll solasā'	كلّ ثلاثاء

18. Les heures. Le jour et la nuit

matin (m)	ṣobḥ (m)	صبح
le matin	fel ṣobḥ	في الصبح
midi (m)	ẓohr (m)	ظهر
dans l'après-midi	ba'd el ḍohr	بعد الظهر
soir (m)	leyl (m)	ليل
le soir	bel leyl	بالليل

nuit (f)	leyl (m)	ليل
la nuit	bel leyl	بالليل
minuit (f)	noṣṣ el leyl (m)	نصّ الليل
seconde (f)	sanya (f)	ثانية
minute (f)	deʔa (f)	دقيقة
heure (f)	sāʿa (f)	ساعة
demi-heure (f)	noṣṣ sāʿa (m)	نصّ ساعة
un quart d'heure	robʿ sāʿa (f)	ربع ساعة
quinze minutes	χamastāʃer deʔa	خمستاشر دقيقة
vingt-quatre heures	arbaʿa we ʿeʃrīn sāʿa	أربعة وعشرين ساعة
lever (m) du soleil	ʃorūʾ el ʃams (m)	شروق الشمس
aube (f)	fagr (m)	فجر
point (m) du jour	ṣobḥ badry (m)	صبح بدري
coucher (m) du soleil	ɣorūb el ʃams (m)	غروب الشمس
tôt le matin	el ṣobḥ badry	الصبح بدري
ce matin	el naharda el ṣobḥ	النهاردة الصبح
demain matin	bokra el ṣobḥ	بكرة الصبح
cet après-midi	el naharda baʿd el ḍohr	النهاردة بعد الظهر
dans l'après-midi	baʿd el ḍohr	بعد الظهر
demain après-midi	bokra baʿd el ḍohr	بكرة بعد الظهر
ce soir	el naharda bel leyl	النهاردة بالليل
demain soir	bokra bel leyl	بكرة بالليل
à 3 heures précises	es sāʿa talāta bel ḍabṭ	الساعة تلاتة بالضبط
autour de 4 heures	es sāʿa arbaʿa taʔrīban	الساعة أربعة تقريبا
vers midi	ḥatt es sāʿa etnāʃar	حتى الساعة إتناشر
dans 20 minutes	fe χelāl ʿeʃrīn deʿeeʿa	في خلال عشرين دقيقة
dans une heure	fe χelāl sāʿa	في خلال ساعة
à temps	fe mawʿedo	في موعده
... moins le quart	ella robʿ	إلّا ربع
en une heure	χelāl sāʿa	خلال ساعة
tous les quarts d'heure	koll robʿ sāʿa	كلّ ربع ساعة
24 heures sur 24	leyl nahār	ليل نهار

19. Les mois. Les saisons

janvier (m)	yanāyer (m)	يناير
février (m)	febrāyer (m)	فبراير
mars (m)	māres (m)	مارس
avril (m)	ebrīl (m)	إبريل
mai (m)	māyo (m)	مايو
juin (m)	yonyo (m)	يونيو
juillet (m)	yolyo (m)	يوليو
août (m)	oɣosṭos (m)	أغسطس
septembre (m)	sebtamber (m)	سبتمبر
octobre (m)	oktober (m)	أكتوبر
novembre (m)	november (m)	نوفمبر

décembre (m)	desember (m)	ديسمبر
printemps (m)	rabee' (m)	ربيع
au printemps	fel rabee'	في الربيع
de printemps (adj)	rabee'y	ربيعي
été (m)	ṣeyf (m)	صيف
en été	fel ṣeyf	في الصيف
d'été (adj)	ṣeyfy	صيفي
automne (m)	χarīf (m)	خريف
en automne	fel χarīf	في الخريف
d'automne (adj)	χarīfy	خريفي
hiver (m)	ʃetā' (m)	شتاء
en hiver	fel ʃetā'	في الشتاء
d'hiver (adj)	ʃetwy	شتوي
mois (m)	ʃahr (m)	شهر
ce mois	fel ʃahr da	في الشهر ده
le mois prochain	el ʃahr el gayī	الشهر الجايّ
le mois dernier	el ʃahr elly fāt	الشهر اللي فات
il y a un mois	men ʃahr	من شهر
dans un mois	ba'd ʃahr	بعد شهر
dans 2 mois	ba'd ʃahreyn	بعد شهرين
tout le mois	el ʃahr kollo	الشهر كلّه
tout un mois	ṭawāl el ʃahr	طوال الشهر
mensuel (adj)	ʃahry	شهري
mensuellement	ʃahry	شهري
chaque mois	koll ʃahr	كلّ شهر
2 fois par mois	marreteyn fel ʃahr	مرّتين في الشهر
année (f)	sana (f)	سنة
cette année	el sana di	السنة دي
l'année prochaine	el sana el gaya	السنة الجايّة
l'année dernière	el sana elly fātet	السنة اللي فاتت
il y a un an	men sana	من سنة
dans un an	ba'd sana	بعد سنة
dans 2 ans	ba'd sanateyn	بعد سنتين
toute l'année	el sana kollaha	السنة كلّها
toute une année	ṭūl el sana	طول السنة
chaque année	koll sana	كلّ سنة
annuel (adj)	sanawy	سنوّي
annuellement	koll sana	كلّ سنة
4 fois par an	arba' marrāt fel sana	أربع مرات في السنة
date (f) (jour du mois)	tarīχ (m)	تاريخ
date (f) (~ mémorable)	tarīχ (m)	تاريخ
calendrier (m)	natīga (f)	نتيجة
six mois	noṣṣ sana	نصّ سنة
semestre (m)	settet aʃ-hor (f)	ستّة أشهر
saison (f)	faṣl (m)	فصل
siècle (m)	qarn (m)	قرن

LES VOYAGES. L'HÔTEL

20. Les voyages. Les excursions

tourisme (m)	seyāḥa (f)	سياحة
touriste (m)	sā'eḥ (m)	سائح
voyage (m) (à l'étranger)	reḥla (f)	رحلة
aventure (f)	moɣamra (f)	مغامرة
voyage (m)	reḥla (f)	رحلة
vacances (f pl)	agāza (f)	أجازة
être en vacances	kān fi agāza	كان في أجازة
repos (m) (jours de ~)	estrāḥa (f)	إستراحة
train (m)	qeṭār, 'aṭṭr (m)	قطار
en train	bel qeṭār - bel aṭṭr	بالقطار
avion (m)	ṭayāra (f)	طيّارة
en avion	bel ṭayāra	بالطيّارة
en voiture	bel sayāra	بالسيّارة
en bateau	bel safīna	بالسفينة
bagage (m)	el ʃonaṭ (pl)	الشنط
malle (f)	ʃanṭa (f)	شنطة
chariot (m)	'arabet ʃonaṭ (f)	عربة شنط
passeport (m)	basbore (m)	باسبور
visa (m)	ta'ʃīra (f)	تأشيرة
ticket (m)	tazkara (f)	تذكرة
billet (m) d'avion	tazkara ṭayarān (f)	تذكرة طيران
guide (m) (livre)	dalīl (m)	دليل
carte (f)	χarīṭa (f)	خريطة
région (f) (~ rurale)	mante'a (f)	منطقة
endroit (m)	makān (m)	مكان
exotisme (m)	ɣarāba (f)	غرابة
exotique (adj)	ɣarīb	غريب
étonnant (adj)	mod-heʃ	مدهش
groupe (m)	magmū'a (f)	مجموعة
excursion (f)	gawla (f)	جولة
guide (m) (personne)	morʃed (m)	مرشد

21. L'hôtel

hôtel (m)	fondo' (m)	فندق
motel (m)	motel (m)	موتيل
3 étoiles	talat nogūm	ثلاث نجوم

5 étoiles	χamas nogūm	خمس نجوم
descendre (à l'hôtel)	nezel	نزل
chambre (f)	oḍa (f)	أوضة
chambre (f) simple	owḍa le ʃaχṣ wāḥed (f)	أوضة لشخص واحد
chambre (f) double	oḍa le ʃaχṣeyn (f)	أوضة لشخصين
réserver une chambre	ḥagaz owḍa	حجز أوضة
demi-pension (f)	wagbeteyn fel yome (du)	وجبتين في اليوم
pension (f) complète	talat wagabāt fel yome	ثلاث وجبات في اليوم
avec une salle de bain	bel banyo	بـ البانيو
avec une douche	bel doʃ	بالدوش
télévision (f) par satellite	televizion be qanawāt faḍāʾiya (m)	تليفزيون بقنوات فضائية
climatiseur (m)	takyīf (m)	تكييف
serviette (f)	fūṭa (f)	فوطة
clé (f)	meftāḥ (m)	مفتاح
administrateur (m)	modīr (m)	مدير
femme (f) de chambre	ʿāmela tandīf ɣoraf (f)	عاملة تنظيف غرف
porteur (m)	ʃayāl (m)	شيّال
portier (m)	bawwāb (m)	بوّاب
restaurant (m)	maṭʿam (m)	مطعم
bar (m)	bār (m)	بار
petit déjeuner (m)	foṭūr (m)	فطور
dîner (m)	ʿaʃāʾ (m)	عشاء
buffet (m)	bofeyh (m)	بوفيه
hall (m)	rad-ha (f)	ردهة
ascenseur (m)	asanseyr (m)	اسانسير
PRIÈRE DE NE PAS DÉRANGER	nargu ʿadam el ezʿāg	نرجو عدم الإزعاج
DÉFENSE DE FUMER	mamnūʿ el tadχīn	ممنوع التدخين

22. Le tourisme

monument (m)	temsāl (m)	تمثال
forteresse (f)	ʾalʿa (f)	قلعة
palais (m)	ʾaṣr (m)	قصر
château (m)	ʾalʿa (f)	قلعة
tour (f)	borg (m)	برج
mausolée (m)	ḍarīḥ (m)	ضريح
architecture (f)	handasa meʿmāriya (f)	هندسة معمارية
médiéval (adj)	men el qorūn el wosṭa	من القرون الوسطى
ancien (adj)	ʿatīq	عتيق
national (adj)	waṭany	وطني
connu (adj)	maʃ-hūr	مشهور
touriste (m)	sāʾeḥ (m)	سائح
guide (m) (personne)	morʃed (m)	مرشد

excursion (f)	gawla (f)	جولة
montrer (vt)	warra	ورّى
raconter (une histoire)	'āl	قال
trouver (vt)	la'a	لقى
se perdre (vp)	ḍā'	ضاع
plan (m) (du metro, etc.)	χarīṭa (f)	خريطة
carte (f) (de la ville, etc.)	χarīṭa (f)	خريطة
souvenir (m)	tezkār (m)	تذكار
boutique (f) de souvenirs	maḥal hadāya (m)	محل هدايا
prendre en photo	ṣawwar	صوّر
se faire prendre en photo	etṣawwar	إتصوّر

LES TRANSPORTS

23. L'aéroport

aéroport (m)	maṭār (m)	مطار
avion (m)	ṭayāra (f)	طيّارة
compagnie (f) aérienne	ʃerket ṭayarān (f)	شركة طيران
contrôleur (m) aérien	marākeb el ḥaraka el gawiya (m)	مراكب الحركة الجويّة
départ (m)	moɣadra (f)	مغادرة
arrivée (f)	woṣūl (m)	وصول
arriver (par avion)	weṣel	وصل
temps (m) de départ	wa'ʼt el moɣadra (m)	وقت المغادرة
temps (m) d'arrivée	wa'ʼt el woṣūl (m)	وقت الوصول
être retardé	ta'akχar	تأخّر
retard (m) de l'avion	ta'aχor el reḥla (m)	تأخّر الرحلة
tableau (m) d'informations	lawḥet el maʿlomāt (f)	لوحة المعلومات
information (f)	esteʿlamāt (pl)	إستعلامات
annoncer (vt)	aʿlan	أعلن
vol (m)	reḥlet ṭayarān (f)	رحلة طيران
douane (f)	gamārek (pl)	جمارك
douanier (m)	mowazzaf el gamārek (m)	موظّف الجمارك
déclaration (f) de douane	taṣrīḥ gomroky (m)	تصريح جمركي
remplir (vt)	mala	ملا
remplir la déclaration	mala el taṣrīḥ	ملأ التصريح
contrôle (m) de passeport	taftīʃ el gawazāt (m)	تفتيش الجوازات
bagage (m)	el ʃonaṭ (pl)	الشنط
bagage (m) à main	ʃonaṭ el yad (pl)	شنط اليد
chariot (m)	ʿarabet ʃonaṭ (f)	عربة شنط
atterrissage (m)	hobūṭ (m)	هبوط
piste (f) d'atterrissage	mamarr el hobūṭ (m)	ممرّ الهبوط
atterrir (vi)	habaṭ	هبط
escalier (m) d'avion	sellem el ṭayāra (m)	سلّم الطيّارة
enregistrement (m)	tasgīl (m)	تسجيل
comptoir (m) d'enregistrement	makān tasgīl (m)	مكان تسجيل
s'enregistrer (vp)	saggel	سجّل
carte (f) d'embarquement	beṭāqet el rokūb (f)	بطاقة الركوب
porte (f) d'embarquement	bawwābet el moɣadra (f)	بوّابة المغادرة
transit (m)	tranzīt (m)	ترانزيت
attendre (vt)	estanna	إستنّى

salle (f) d'attente	ṣālet el moɣadra (f)	صالة المغادرة
raccompagner (à l'aéroport, etc.)	wadda'	ودّع
dire au revoir	wadda'	ودّع

24. L'avion

avion (m)	ṭayāra (f)	طيّارة
billet (m) d'avion	tazkara ṭayarān (f)	تذكرة طيران
compagnie (f) aérienne	ʃerket ṭayarān (f)	شركة طيران
aéroport (m)	maṭār (m)	مطار
supersonique (adj)	χāreq lel ṣote	خارق للصوت
commandant (m) de bord	kabten (m)	كابتن
équipage (m)	ṭa'm (m)	طقم
pilote (m)	ṭayār (m)	طيّار
hôtesse (f) de l'air	moḍīfet ṭayarān (f)	مضيفة طيران
navigateur (m)	mallāḥ (m)	ملّاح
ailes (f pl)	agneḥa (pl)	أجنحة
queue (f)	deyl (m)	ذيل
cabine (f)	kabīna (f)	كابينة
moteur (m)	motore (m)	موتور
train (m) d'atterrissage	'agalāt el hobūṭ (pl)	عجلات الهبوط
turbine (f)	torbīna (f)	توربينة
hélice (f)	marwaḥa (f)	مروّحة
boîte (f) noire	mosaggel el ṭayarān (m)	مسجّل الطيران
gouvernail (m)	moqawwed el ṭayāra (m)	مقوّد الطيّارة
carburant (m)	woqūd (m)	وقود
consigne (f) de sécurité	beṭā'et el salāma (f)	بطاقة السلامة
masque (m) à oxygène	mask el oksyʒīn (m)	ماسك الاوكسيجين
uniforme (m)	zayī muwaḥḥad (m)	زيّ موحّد
gilet (m) de sauvetage	sotret nagah (f)	سترة نجاة
parachute (m)	baraʃot (m)	باراشوت
décollage (m)	eqlā' (m)	إقلاع
décoller (vi)	aqla'et	أقلعت
piste (f) de décollage	modarrag el ṭa'erāṭ (m)	مدرّج الطائرات
visibilité (f)	ro'ya (f)	رؤية
vol (m) (~ d'oiseau)	ṭayarān (m)	طيران
altitude (f)	ertefā' (m)	إرتفاع
trou (m) d'air	geyb hawā'y (m)	جيب هوائي
place (f)	meq'ad (m)	مقعد
écouteurs (m pl)	samma'āt ra'siya (pl)	سمّاعات رأسية
tablette (f)	ṣeniya qabela lel ṭayī (f)	صينية قابلة للطيّ
hublot (m)	ʃebbāk el ṭayāra (m)	شبّاك الطيّارة
couloir (m)	mamarr (m)	ممرّ

25. Le train

train (m)	qeṭār, 'aṭṭr (m)	قطار
train (m) de banlieue	qeṭār rokkāb (m)	قطار ركّاب
TGV (m)	qeṭār saree' (m)	قطار سريع
locomotive (f) diesel	qāṭeret dīzel (f)	قاطرة ديزل
locomotive (f) à vapeur	qāṭera boχariya (f)	قاطرة بخاريّة
wagon (m)	'araba (f)	عربة
wagon-restaurant (m)	'arabet el ṭa'ām (f)	عربة الطعام
rails (m pl)	qoḍbān (pl)	قضبان
chemin (m) de fer	sekka ḥadīdiya (f)	سكّة حديديّة
traverse (f)	'āreḍa sekket ḥadīd (f)	عارضة سكّة الحديد
quai (m)	raṣīf (m)	رصيف
voie (f)	χaṭṭ (m)	خطّ
sémaphore (m)	semafore (m)	سيمافور
station (f)	maḥaṭṭa (f)	محطّة
conducteur (m) de train	sawwā' (m)	سوّاق
porteur (m)	ʃayāl (m)	شيّال
steward (m)	mas'ūl 'arabet el qeṭār (m)	مسؤول عربة القطار
passager (m)	rākeb (m)	راكب
contrôleur (m) de billets	kamsary (m)	كمسري
couloir (m)	mamarr (m)	ممرّ
frein (m) d'urgence	farāmel el ṭawāre' (pl)	فرامل الطوارئ
compartiment (m)	ɣorfa (f)	غرفة
couchette (f)	serīr (m)	سرير
couchette (f) d'en haut	serīr 'olwy (m)	سرير علويّ
couchette (f) d'en bas	serīr sofly (m)	سرير سفلي
linge (m) de lit	aɣṭeyet el serīr (pl)	أغطيّة السرير
ticket (m)	tazkara (f)	تذكرة
horaire (m)	gadwal (m)	جدوّل
tableau (m) d'informations	lawḥet ma'lomāt (f)	لوحة معلومات
partir (vi)	ɣādar	غادر
départ (m) (du train)	moɣadra (f)	مغادرة
arriver (le train)	weṣel	وصل
arrivée (f)	woṣūl (m)	وصول
arriver en train	weṣel bel qeṭār	وصل بالقطار
prendre le train	rekeb el qeṭār	ركب القطار
descendre du train	nezel men el qeṭār	نزل من القطار
accident (m) ferroviaire	ḥeṭām qeṭār (m)	حطام قطار
dérailler (vi)	χarag 'an χaṭṭ sīru	خرج عن خطّ سيره
locomotive (f) à vapeur	qāṭera boχariya (f)	قاطرة بخاريّة
chauffeur (m)	'aṭʃagy (m)	عطشجي
chauffe (f)	forn el moḥarrek (m)	فرن المحرّك
charbon (m)	faḥm (m)	فحم

26. Le bateau

bateau (m)	safīna (f)	سفينة
navire (m)	safīna (f)	سفينة
bateau (m) à vapeur	baχera (f)	باخرة
paquebot (m)	baχera nahriya (f)	باخرة نهرية
bateau (m) de croisière	safīna seyaḥiya (f)	سفينة سياحيّة
croiseur (m)	ṭarrād safīna baḥariya (m)	طرّاد سفينة بحريّة
yacht (m)	yaχt (m)	يخت
remorqueur (m)	qāṭera baḥariya (f)	قاطرة بحريّة
péniche (f)	ṣandal (m)	صندل
ferry (m)	'abbāra (f)	عبّارة
voilier (m)	safīna ʃera'iya (m)	سفينة شراعيّة
brigantin (m)	markeb ʃerā'y (m)	مركب شراعي
brise-glace (m)	moḥaṭṭemet galīd (f)	محطّمة جليد
sous-marin (m)	ɣawwāṣa (f)	غوّاصة
canot (m) à rames	markeb (m)	مركب
dinghy (m)	zawra' (m)	زورق
canot (m) de sauvetage	qāreb nagah (m)	قارب نجاة
canot (m) à moteur	lunʃ (m)	لنش
capitaine (m)	'obṭān (m)	قبطان
matelot (m)	baḥḥār (m)	بحّار
marin (m)	baḥḥār (m)	بحّار
équipage (m)	ṭāqem (m)	طاقم
maître (m) d'équipage	rabbān (m)	ربّان
mousse (m)	ṣaby el safīna (m)	صبي السفينة
cuisinier (m) du bord	ṭabbāχ (m)	طبّاخ
médecin (m) de bord	ṭabīb el safīna (m)	طبيب السفينة
pont (m)	saṭ-ḥ el safīna (m)	سطح السفينة
mât (m)	sāreya (f)	سارية
voile (f)	ʃerā' (m)	شراع
cale (f)	'anbar (m)	عنبر
proue (f)	mo'addema (m)	مقدّمة
poupe (f)	mo'aχeret el safīna (f)	مؤخّرة السفينة
rame (f)	megdāf (m)	مجذاف
hélice (f)	marwaḥa (f)	مروحة
cabine (f)	kabīna (f)	كابينة
carré (m) des officiers	ɣorfet el ṭa'ām wel rāḥa (f)	غرفة الطعام والراحة
salle (f) des machines	qesm el 'ālāt (m)	قسم الآلات
passerelle (f)	borg el qeyāda (m)	برج القيادة
cabine (f) de T.S.F.	ɣorfet el lāselky (f)	غرفة اللاسلكي
onde (f)	mouga (f)	موجة
journal (m) de bord	segel el safīna (m)	سجل السفينة
longue-vue (f)	monzār (m)	منظار
cloche (f)	garas (m)	جرس

pavillon (m)	ʿalam (m)	علم
grosse corde (f) tressée	ḥabl (m)	حبل
nœud (m) marin	ʿoʾda (f)	عقدة
rampe (f)	drabzīn saṭ-ḥ el safīna (m)	درابزين سطح السفينة
passerelle (f)	sellem (m)	سلّم
ancre (f)	marsāh (f)	مرساة
lever l'ancre	rafaʿ morsah	رفع مرساة
jeter l'ancre	rasa	رسا
chaîne (f) d'ancrage	selselet morsah (f)	سلسلة مرساة
port (m)	mināʾ (m)	ميناء
embarcadère (m)	marsa (m)	مرسى
accoster (vi)	rasa	رسا
larguer les amarres	aqlaʿ	أقلع
voyage (m) (à l'étranger)	reḥla (f)	رحلة
croisière (f)	reḥla baḥariya (f)	رحلة بحريّة
cap (m) (suivre un ~)	masār (m)	مسار
itinéraire (m)	ṭarīʾ (m)	طريق
chenal (m)	magra melāḥy (m)	مجرى ملاحيّ
bas-fond (m)	meyāh ḍaḥla (f)	مياه ضحلة
échouer sur un bas-fond	ganaḥ	جنح
tempête (f)	ʿāṣefa (f)	عاصفة
signal (m)	eʃara (f)	إشارة
sombrer (vi)	ɣereʾ	غرق
Un homme à la mer!	saʾaṭ rāgil min el sefīna!	سقط راجل من السفينة!
SOS (m)	nedāʾ eɣāsa (m)	نداء إغاثة
bouée (f) de sauvetage	ṭoʾe nagah (m)	طوق نجاة

LA VILLE

27. Les transports en commun

autobus (m)	buṣ (m)	باص
tramway (m)	trām (m)	ترام
trolleybus (m)	trolly buṣ (m)	ترولي باص
itinéraire (m)	χaṭṭ (m)	خطّ
numéro (m)	raqam (m)	رقم
prendre ...	rāḥ be ...	راح بـ ...
monter (dans l'autobus)	rekeb	ركب
descendre de ...	nezel men	نزل من
arrêt (m)	maw'af (m)	موّقف
arrêt (m) prochain	el maḥaṭṭa el gaya (f)	المحطة الجايّة
terminus (m)	'āχer maw'af (m)	آخر موقف
horaire (m)	gadwal (m)	جدّول
attendre (vt)	estanna	إستنّى
ticket (m)	tazkara (f)	تذكرة
prix (m) du ticket	ogra (f)	أجرة
caissier (m)	kaʃier (m)	كاشيير
contrôle (m) des tickets	taftīʃ el tazāker (m)	تفتيش التذاكر
contrôleur (m)	mofatteʃ tazāker (m)	مفتّش تذاكر
être en retard	met'akχer	متأخّر
rater (~ le train)	ta'akχar	تأخّر
se dépêcher	mesta'gel	مستعجل
taxi (m)	taksi (m)	تاكسي
chauffeur (m) de taxi	sawwā' taksi (m)	سوّاق تاكسي
en taxi	bel taksi	بالتاكسي
arrêt (m) de taxi	maw'ef taksi (m)	موّقف تاكسي
appeler un taxi	kallem taksi	كلّم تاكسي
prendre un taxi	aχad taksi	أخد تاكسي
trafic (m)	ḥaraket el morūr (f)	حركة المرور
embouteillage (m)	zaḥmet el morūr (f)	زحمة المرور
heures (f pl) de pointe	sā'et el zorwa (f)	ساعة الذروة
se garer (vp)	rakan	ركن
garer (vt)	rakan	ركن
parking (m)	maw'ef el 'arabeyāt (m)	موقف العربيات
métro (m)	metro (m)	مترو
station (f)	maḥaṭṭa (f)	محطّة
prendre le métro	aχad el metro	أخد المترو
train (m)	qeṭār, 'aṭṭr (m)	قطار
gare (f)	maḥaṭṭet qeṭār (f)	محطّة قطار

28. La ville. La vie urbaine

ville (f)	madīna (f)	مدينة
capitale (f)	ʿāṣema (f)	عاصمة
village (m)	qarya (f)	قرية
plan (m) de la ville	χarīṭet el madinah (f)	خريطة المدينة
centre-ville (m)	wesṭ el balad (m)	وسط البلد
banlieue (f)	ḍāḥeya (f)	ضاحية
de banlieue (adj)	el ḍawāḥy	الضواحي
périphérie (f)	aṭrāf el madīna (pl)	أطراف المدينة
alentours (m pl)	ḍawāḥy el madīna (pl)	ضواحي المدينة
quartier (m)	ḥayī (m)	حي
quartier (m) résidentiel	ḥayī sakany (m)	حي سكني
trafic (m)	ḥaraket el morūr (f)	حركة المرور
feux (m pl) de circulation	eʃārāt el morūr (pl)	إشارات المرور
transport (m) urbain	wasāʾel el naʾl (pl)	وسائل النقل
carrefour (m)	taqāṭoʿ (m)	تقاطع
passage (m) piéton	maʿbar (m)	معبر
passage (m) souterrain	nafaʾ moʃāh (m)	نفق مشاه
traverser (vt)	ʿabar	عبر
piéton (m)	māʃy (m)	ماشي
trottoir (m)	raṣīf (m)	رصيف
pont (m)	kobry (m)	كبري
quai (m)	korneyʃ (m)	كورنيش
fontaine (f)	nafūra (f)	نافورة
allée (f)	mamʃa (m)	ممشى
parc (m)	ḥadīqa (f)	حديقة
boulevard (m)	bolvār (m)	بولفار
place (f)	medān (m)	ميدان
avenue (f)	ʃāreʿ (m)	شارع
rue (f)	ʃāreʿ (m)	شارع
ruelle (f)	zoʾāʾ (m)	زقاق
impasse (f)	ṭarīʾ masdūd (m)	طريق مسدود
maison (f)	beyt (m)	بيت
édifice (m)	mabna (m)	مبنى
gratte-ciel (m)	nāṭeḥet sahāb (f)	ناطحة سحاب
façade (f)	waɣa (f)	واجهة
toit (m)	saʾf (m)	سقف
fenêtre (f)	ʃebbāk (m)	شبّاك
arc (m)	qose (m)	قوس
colonne (f)	ʿamūd (m)	عمود
coin (m)	zawya (f)	زاوية
vitrine (f)	vatrīna (f)	فترينة
enseigne (f)	yafṭa, lāfeta (f)	لافتة, يافطة
affiche (f)	boster (m)	بوستر
affiche (f) publicitaire	boster eʿlān (m)	بوستر إعلان

panneau-réclame (m)	lawḥet eʿlanāt (f)	لوحة إعلانات
ordures (f pl)	zebāla (f)	زبالة
poubelle (f)	ṣandūʾ zebāla (m)	صندوق زبالة
jeter à terre	rama zebāla	رمى زبالة
décharge (f)	mazbala (f)	مزبلة
cabine (f) téléphonique	koʃk telefōn (m)	كشك تليفون
réverbère (m)	ʿamūd nūr (m)	عمود نور
banc (m)	korsy (m)	كرسي
policier (m)	ʃorṭy (m)	شرطي
police (f)	ʃorṭa (f)	شرطة
clochard (m)	ʃaḥḥāt (m)	شحّات
sans-abri (m)	motaʃarred (m)	متشرّد

29. Les institutions urbaines

magasin (m)	maḥal (m)	محل
pharmacie (f)	ṣaydaliya (f)	صيدليّة
opticien (m)	maḥal naḍḍārāt (m)	محل نضّارات
centre (m) commercial	mole (m)	مول
supermarché (m)	subermarket (m)	سوبرماركت
boulangerie (f)	maχbaz (m)	مخبز
boulanger (m)	χabbāz (m)	خبّاز
pâtisserie (f)	ḥalawāny (m)	حلواني
épicerie (f)	baʾʾāla (f)	بقّالة
boucherie (f)	gezāra (f)	جزارة
magasin (m) de légumes	dokkān χoḍār (m)	دكّان خضار
marché (m)	sūʾ (f)	سوق
salon (m) de café	ʾahwa (f), kaféih (m)	قهوة, كافيه
restaurant (m)	maṭʿam (m)	مطعم
brasserie (f)	bār (m)	بار
pizzeria (f)	maḥal pizza (m)	محل بيتزا
salon (m) de coiffure	ṣalone ḥelāʾa (m)	صالون حلاقة
poste (f)	maktab el barīd (m)	مكتب البريد
pressing (m)	dray klīn (m)	دراي كلين
atelier (m) de photo	estudio taṣwīr (m)	إستوديو تصوير
magasin (m) de chaussures	maḥal gezam (m)	محل جزم
librairie (f)	maḥal kotob (m)	محل كتب
magasin (m) d'articles de sport	maḥal mostalzamāt reyaḍiya (m)	محل مستلزمات رياضية
atelier (m) de retouche	maḥal χeyāṭet malābes (m)	محل خياطة ملابس
location (f) de vêtements	taʾgīr malābes rasmiya (m)	تأجير ملابس رسمية
location (f) de films	maḥal taʾgīr video (m)	محل تأجير فيديو
cirque (m)	serk (m)	سيرك
zoo (m)	ḥadīqet el ḥayawān (f)	حديقة حيوان
cinéma (m)	sinema (f)	سينما

musée (m)	mat-ḥaf (m)	متحف
bibliothèque (f)	maktaba (f)	مكتبة
théâtre (m)	masraḥ (m)	مسرح
opéra (m)	obra (f)	أوبرا
boîte (f) de nuit	malha leyly (m)	ملهى ليّلي
casino (m)	kazino (m)	كازينو
mosquée (f)	masged (m)	مسجد
synagogue (f)	kenīs (m)	كنيس
cathédrale (f)	katedra'iya (f)	كاتدرائية
temple (m)	ma'bad (m)	معبد
église (f)	kenīsa (f)	كنيسة
institut (m)	kolliya (m)	كليّة
université (f)	gam'a (f)	جامعة
école (f)	madrasa (f)	مدرسة
préfecture (f)	moqaṭ'a (f)	مقاطعة
mairie (f)	baladiya (f)	بلديّة
hôtel (m)	fondo' (m)	فندق
banque (f)	bank (m)	بنك
ambassade (f)	safāra (f)	سفارة
agence (f) de voyages	ʃerket seyāḥa (f)	شركة سياحة
bureau (m) d'information	maktab el este'lāmāt (m)	مكتب الإستعلامات
bureau (m) de change	ṣarrāfa (f)	صرّافة
métro (m)	metro (m)	مترو
hôpital (m)	mostaʃfa (m)	مستشفى
station-service (f)	maḥaṭṭet banzīn (f)	محطّة بنزين
parking (m)	maw'ef el 'arabeyāt (m)	موقف العربيات

30. Les enseignes. Les panneaux

enseigne (f)	yafṭa, lāfeta (f)	لافتة, يافطة
pancarte (f)	bayān (m)	بيان
poster (m)	boster (m)	بوستر
indicateur (m) de direction	'alāmet (f)	علامة إتجاه
flèche (f)	'alāmet eʃāra (f)	علامة إشارة
avertissement (m)	taḥzīr (m)	تحذير
panneau d'avertissement	lāfetat taḥzīr (f)	لافتة تحذير
avertir (vt)	ḥazzar	حذّر
jour (m) de repos	yome 'oṭla (m)	يوم عطلة
horaire (m)	gadwal (m)	جدوَل
heures (f pl) d'ouverture	aw'āt el 'amal (pl)	أوقات العمل
BIENVENUE!	ahlan w sahlan!	أهلاَ وسهلا!
ENTRÉE	doχūl	دخول
SORTIE	χorūg	خروج
POUSSER	edfa'	إدفع

TIRER	es-ḥab	إسحب
OUVERT	maftūḥ	مفتوح
FERMÉ	moɣlaq	مغلق
FEMMES	lel sayedāt	للسيدات
HOMMES	lel regāl	للرجال
RABAIS	χoṣomāt	خصومات
SOLDES	taχfeḍāt	تخفيضات
NOUVEAU!	gedīd!	جديد!
GRATUIT	maggānan	مجّاناً
ATTENTION!	entebāh!	إنتباه!
COMPLET	koll el amāken maḥgūza	كلّ الأماكن محجوزة
RÉSERVÉ	maḥgūz	محجوز
ADMINISTRATION	edāra	إدارة
RÉSERVÉ AU PERSONNEL	lel ʿamelīn faqaṭ	للعاملين فقط
ATTENTION CHIEN MÉCHANT	eḥzar wogūd kalb	إحذر وجود الكلب
DÉFENSE DE FUMER	mamnūʿ el tadχīn	ممنوع التدخين
PRIÈRE DE NE PAS TOUCHER	ʿadam el lams	عدم اللمس
DANGEREUX	χaṭīr	خطير
DANGER	χaṭar	خطر
HAUTE TENSION	tayār ʿāly	تيّار عالي
BAIGNADE INTERDITE	el sebāḥa mamnūʿa	السباحة ممنوعة
HORS SERVICE	moʿaṭṭal	معطّل
INFLAMMABLE	sareeʿ el eʃteʿāl	سريع الإشتعال
INTERDIT	mamnūʿ	ممنوع
PASSAGE INTERDIT	mamnūʿ el morūr	ممنوع المرور
PEINTURE FRAÎCHE	eḥzar ṭelāʾ ɣayr gāf	احذر طلاء غير جاف

31. Le shopping

acheter (vt)	eʃtara	إشترى
achat (m)	ḥāga (f)	حاجة
faire des achats	eʃtara	إشترى
shopping (m)	ʃobbing (m)	شوبينج
être ouvert	maftūḥ	مفتوح
être fermé	moɣlaq	مغلق
chaussures (f pl)	gezam (pl)	جزم
vêtement (m)	malābes (pl)	ملابس
produits (m pl) de beauté	mawād tagmīl (pl)	مواد تجميل
produits (m pl) alimentaires	akl (m)	أكل
cadeau (m)	hediya (f)	هديّة
vendeur (m)	bayāʿ (m)	بيّاع
vendeuse (f)	bayāʿa (f)	بيّاعة

caisse (f)	ṣandū' el daf' (m)	صندوق الدفع
miroir (m)	merāya (f)	مراية
comptoir (m)	manḍada (f)	منضدة
cabine (f) d'essayage	ɣorfet el 'eyās (f)	غرفة القياس
essayer (robe, etc.)	garrab	جرّب
aller bien (robe, etc.)	nāseb	ناسب
plaire (être apprécié)	'agab	عجب
prix (m)	se'r (m)	سعر
étiquette (f) de prix	tiket el se'r (m)	تيكت السعر
coûter (vt)	kallef	كلّف
Combien?	bekām?	بكام؟
rabais (m)	χaṣm (m)	خصم
pas cher (adj)	meʃ ɣāly	مش غالي
bon marché (adj)	reχīṣ	رخيص
cher (adj)	ɣāly	غالي
C'est cher	da ɣāly	ده غالي
location (f)	este'gār (m)	إستئجار
louer (une voiture, etc.)	est'gar	إستأجر
crédit (m)	e'temān (m)	إئتمان
à crédit (adv)	bel ta'seeṭ	بالتقسيط

LES VÊTEMENTS & LES ACCESSOIRES

32. Les vêtements d'extérieur

vêtement (m)	malābes (pl)	ملابس
survêtement (m)	malābes fo'aniya (pl)	ملابس فوقانيّة
vêtement (m) d'hiver	malābes ʃetwiya (pl)	ملابس شتويّة
manteau (m)	balṭo (m)	بالطو
manteau (m) de fourrure	balṭo farww (m)	بالطو فروّ
veste (f) de fourrure	ʒaket farww (m)	جاكيت فروّ
manteau (m) de duvet	balṭo maḥʃy rīʃ (m)	بالطو محشي ريش
veste (f) (~ en cuir)	ʒæket (m)	جاكيت
imperméable (m)	ʒæket lel maṭar (m)	جاكيت للمطر
imperméable (adj)	wāqy men el maya	واقي من الميّة

33. Les vêtements

chemise (f)	'amīṣ (m)	قميص
pantalon (m)	banṭalone (f)	بنطلون
jean (m)	ʒeans (m)	جينز
veston (m)	ʒæket (f)	جاكت
complet (m)	badla (f)	بدلة
robe (f)	fostān (m)	فستان
jupe (f)	ʒība (f)	جيبة
chemisette (f)	bloza (f)	بلوزة
veste (f) en laine	kardigan (m)	كارديجن
jaquette (f), blazer (m)	ʒæket (m)	جاكيت
tee-shirt (m)	ti ʃirt (m)	تي شيرت
short (m)	ʃort (m)	شورت
costume (m) de sport	treneng (m)	ترينننج
peignoir (m) de bain	robe el ḥammām (m)	روب حمّام
pyjama (m)	beʒāma (f)	بيجاما
chandail (m)	blover (f)	بلوفر
pull-over (m)	blover (m)	بلوفر
gilet (m)	vest (m)	فيست
queue-de-pie (f)	badlet sahra ṭawīla (f)	بدلة سهرة طويلة
smoking (m)	badla (f)	بدلة
uniforme (m)	zayī muwaḥḥad (m)	زيّ موحّد
tenue (f) de travail	lebs el ʃoɣl (m)	لبس الشغل
salopette (f)	overall (m)	اوفر اول
blouse (f) (d'un médecin)	balṭo (m)	بالطو

34. Les sous-vêtements

sous-vêtements (m pl)	malābes dāχeliya (pl)	ملابس داخلية
boxer (m)	sirwāl dāχly rigāly (m)	سروال داخلي رجاليّ
slip (m) de femme	sirwāl dāχly nisā'y (m)	سروال داخلي نسائي
maillot (m) de corps	fanella (f)	فانلّا
chaussettes (f pl)	ʃarāb (m)	شراب
chemise (f) de nuit	'amīṣ nome (m)	قميص نوم
soutien-gorge (m)	setyāna (f)	ستيانة
chaussettes (f pl) hautes	ʃarabāt ṭawīla (pl)	شرابات طويلة
collants (m pl)	klone (m)	كلون
bas (m pl)	gawāreb (pl)	جوارب
maillot (m) de bain	mayo (m)	مايّوه

35. Les chapeaux

chapeau (m)	ṭa'iya (f)	طاقيّة
chapeau (m) feutre	borneyṭa (f)	برنيطة
casquette (f) de base-ball	base bāl kāb (m)	بيس بول كاب
casquette (f)	ṭa'iya mosaṭṭaḥa (f)	طاقيّة مسطحة
béret (m)	bereyh (m)	بيريه
capuche (f)	ɣaṭa' (f)	غطاء
panama (m)	qobba'et banama (f)	قبّعة بناما
bonnet (m) de laine	ays kāb (m)	آيس كاب
foulard (m)	eʃarb (m)	إيشارب
chapeau (m) de femme	borneyṭa (f)	برنيطة
casque (m) (d'ouvriers)	χawza (f)	خوذة
calot (m)	kāb (m)	كاب
casque (m) (~ de moto)	χawza (f)	خوذة
melon (m)	qobba'a (f)	قبّعة
haut-de-forme (m)	qobba'a rasmiya (f)	قبّعة رسمية

36. Les chaussures

chaussures (f pl)	gezam (pl)	جزم
bottines (f pl)	gazma (f)	جزمة
souliers (m pl) (~ plats)	gazma (f)	جزمة
bottes (f pl)	būt (m)	بوت
chaussons (m pl)	ʃebʃeb (m)	شبشب
tennis (m pl)	kotʃy tennis (m)	كوتشي تنس
baskets (f pl)	kotʃy (m)	كوتشي
sandales (f pl)	ṣandal (pl)	صندل
cordonnier (m)	eskāfy (m)	إسكافي
talon (m)	ka'b (m)	كعب

paire (f)	goze (m)	جوز
lacet (m)	ʃerīʾṭ (m)	شريط
lacer (vt)	rabaṭ	ربط
chausse-pied (m)	labbāsa el gazma (f)	لبّاسة الجزمة
cirage (m)	warnīʃ el gazma (m)	ورنيش الجزمة

37. Les accessoires personnels

gants (m pl)	gwanty (m)	جوانتي
moufles (f pl)	gwanty men ɣeyr aṣābeʿ (m)	جوانتي من غير أصابع
écharpe (f)	skarf (m)	سكارف
lunettes (f pl)	naḍḍāra (f)	نظّارة
monture (f)	eṭār (m)	إطار
parapluie (m)	ʃamsiya (f)	شمسيّة
canne (f)	ʿaṣāya (f)	عصاية
brosse (f) à cheveux	forʃet ʃaʿr (f)	فرشة شعر
éventail (m)	marwaḥa (f)	مروحة
cravate (f)	karavetta (f)	كرافتة
nœud papillon (m)	bebyona (m)	بيبيونة
bretelles (f pl)	ḥammala (f)	حمّالة
mouchoir (m)	mandīl (m)	منديل
peigne (m)	meʃṭ (m)	مشط
barrette (f)	dabbūs (m)	دبّوس
épingle (f) à cheveux	bensa (m)	بنسة
boucle (f)	bokla (f)	بكلة
ceinture (f)	ḥezām (m)	حزام
bandoulière (f)	ḥammalet el ketf (f)	حمّالة الكتف
sac (m)	ʃanṭa (f)	شنطة
sac (m) à main	ʃanṭet yad (f)	شنطة يد
sac (m) à dos	ʃanṭet ḍahr (f)	شنطة ظهر

38. Les vêtements. Divers

mode (f)	mūḍa (f)	موضة
à la mode (adj)	fel moḍa	في الموضة
couturier, créateur de mode	moṣammem azyāʾ (m)	مصمّم أزياء
col (m)	yāʾa (f)	ياقة
poche (f)	geyb (m)	جيب
de poche (adj)	geyb	جيب
manche (f)	komm (m)	كمّ
bride (f)	ʿelāqa (f)	علّاقة
braguette (f)	lesān (m)	لسان
fermeture (f) à glissière	sosta (f)	سوستة
agrafe (f)	maʃbak (m)	مشبك
bouton (m)	zerr (m)	زرّ

boutonnière (f)	ʻarwa (f)	عروة
s'arracher (bouton)	weʼeʻ	وقع
coudre (vi, vt)	χayaṭ	خيّط
broder (vt)	ṭarraz	طرّز
broderie (f)	taṭrīz (m)	تطريز
aiguille (f)	ebra (f)	إبرة
fil (m)	χeyṭ (m)	خيط
couture (f)	derz (m)	درز
se salir (vp)	ettwassaχ	إتّوسّخ
tache (f)	boʼʻa (f)	بقعة
se froisser (vp)	takarmaʃ	تكرمش
déchirer (vt)	ʼaṭaʻ	قطع
mite (f)	ʻetta (f)	عثّة

39. L'hygiène corporelle. Les cosmétiques

dentifrice (m)	maʻgūn asnān (m)	معجون أسنان
brosse (f) à dents	forʃet senān (f)	فرشة أسنان
se brosser les dents	naḍḍaf el asnān	نظّف الأسنان
rasoir (m)	mūs (m)	موس
crème (f) à raser	krīm ḥelāʼa (m)	كريم حلاقة
se raser (vp)	ḥalaʼ	حلق
savon (m)	ṣabūn (m)	صابون
shampooing (m)	ʃambū (m)	شامبو
ciseaux (m pl)	maʼaṣ (m)	مقص
lime (f) à ongles	mabrad (m)	مبرد
pinces (f pl) à ongles	melʼaṭ (m)	ملقط
pince (f) à épiler	melʼaṭ (m)	ملقط
produits (m pl) de beauté	mawād tagmīl (pl)	مواد تجميل
masque (m) de beauté	mask (m)	ماسك
manucure (f)	monekīr (m)	مونيكير
se faire les ongles	ʻamal monikīr	عمل مونيكير
pédicurie (f)	badikīr (m)	باديكير
trousse (f) de toilette	ʃanṭet mekyāʒ (f)	شنطة مكياج
poudre (f)	bodret weʃ (f)	بودرة وش
poudrier (m)	ʻelbet bodra (f)	علبة بودرة
fard (m) à joues	aḥmar χodūd (m)	أحمر خدود
parfum (m)	barfān (m)	بارفان
eau (f) de toilette	kolonya (f)	كولونيا
lotion (f)	loʃion (m)	لوشن
eau de Cologne (f)	kolonya (f)	كولونيا
fard (m) à paupières	eyeʃadow (m)	ايّ شادو
crayon (m) à paupières	koḥl (m)	كحل
mascara (m)	maskara (f)	ماسكارا
rouge (m) à lèvres	rūʒ (m)	روج

vernis (m) à ongles	monekīr (m)	مونيكير
laque (f) pour les cheveux	mosabbet el ʃa'r (m)	مثبّت الشعر
déodorant (m)	mozīl 'ara' (m)	مزيل عرق
crème (f)	krīm (m)	كريم
crème (f) pour le visage	krīm lel weʃ (m)	كريم للوش
crème (f) pour les mains	krīm eyd (m)	كريم أيد
crème (f) anti-rides	krīm moḍād lel taga'īd (m)	كريم مضاد للتجاعيد
crème (f) de jour	krīm en nahār (m)	كريم النهار
crème (f) de nuit	krīm el leyl (m)	كريم الليل
de jour (adj)	nahāry	نهاري
de nuit (adj)	layly	ليّلي
tampon (m)	tambon (m)	تانبون
papier (m) de toilette	wara' twalet (m)	ورق تواليت
sèche-cheveux (m)	seʃwār (m)	سشوار

40. Les montres. Les horloges

montre (f)	sā'a (f)	ساعة
cadran (m)	wag-h el sā'a (m)	وجه الساعة
aiguille (f)	'a'rab el sā'a (m)	عقرب الساعة
bracelet (m)	ʃerī'ṭ sā'a ma'daniya (m)	شريط ساعة معدنية
bracelet (m) (en cuir)	ʃerī'ṭ el sā'a (m)	شريط الساعة
pile (f)	baṭṭariya (f)	بطّاريّة
être déchargé	χelṣet	خلصت
changer de pile	ɣayar el baṭṭariya	غيّر البطّاريّة
avancer (vi)	saba'	سبق
retarder (vi)	ta'akχar	تأخّر
pendule (f)	sā'et ḥeyṭa (f)	ساعة حيطة
sablier (m)	sā'a ramliya (f)	ساعة رمليّة
cadran (m) solaire	sā'a ʃamsiya (f)	ساعة شمسيّة
réveil (m)	monabbeh (m)	منبّه
horloger (m)	sa'āty (m)	ساعاتي
réparer (vt)	ṣallaḥ	صلّح

L'EXPÉRIENCE QUOTIDIENNE

41. L'argent

argent (m)	folūs (pl)	فلوس
échange (m)	taḥwīl ʿomla (m)	تحويل عملة
cours (m) de change	seʿr el ṣarf (m)	سعر الصرف
distributeur (m)	makinet ṣarrāf ʾāly (f)	ماكينة صرّاف آلي
monnaie (f)	ʾerʃ (m)	قرش
dollar (m)	dolār (m)	دولار
euro (m)	yoro (m)	يورو
lire (f)	lira (f)	ليرة
mark (m) allemand	el mark el almāny (m)	المارك الألماني
franc (m)	frank (m)	فرنك
livre sterling (f)	geneyh esterlīny (m)	جنيه استرليني
yen (m)	yen (m)	ين
dette (f)	deyn (m)	دين
débiteur (m)	modīn (m)	مدين
prêter (vt)	sallef	سلّف
emprunter (vt)	estalaf	إستلف
banque (f)	bank (m)	بنك
compte (m)	ḥesāb (m)	حساب
verser (dans le compte)	awdaʿ	أودع
verser dans le compte	awdaʿ fel ḥesāb	أودّع في الحساب
retirer du compte	saḥab men el ḥesāb	سحب من الحساب
carte (f) de crédit	kredit kard (f)	كريدت كارد
espèces (f pl)	kæʃ (m)	كاش
chèque (m)	ʃīk (m)	شيك
faire un chèque	katab ʃīk	كتب شيك
chéquier (m)	daftar ʃikāt (m)	دفتر شيكات
portefeuille (m)	maḥfaẓa (f)	محفظة
bourse (f)	maḥfazet fakka (f)	محفظة فكّة
coffre fort (m)	χazzāna (f)	خزّانة
héritier (m)	wāres (m)	وارث
héritage (m)	werāsa (f)	وراثة
fortune (f)	sarwa (f)	ثروّة
location (f)	ʿaʾd el egār (m)	عقد الإيجار
loyer (m) (argent)	ogret el sakan (f)	أجرة السكن
louer (prendre en location)	estʾgar	إستأجر
prix (m)	seʿr (m)	سعر
coût (m)	taman (m)	ثمن

somme (f)	mablaɣ (m)	مبلغ
dépenser (vt)	ṣaraf	صرف
dépenses (f pl)	maṣarīf (pl)	مصاريف
économiser (vt)	waffar	وفّر
économe (adj)	mowaffer	موّفر
payer (régler)	dafa'	دفع
paiement (m)	daf' (m)	دفع
monnaie (f) (rendre la ~)	el bā'y (m)	الباقي
impôt (m)	ḍarība (f)	ضريبة
amende (f)	ɣarāma (f)	غرامة
mettre une amende	faraḍ ɣarāma	فرض غرامة

42. La poste. Les services postaux

poste (f)	maktab el barīd (m)	مكتب البريد
courrier (m) (lettres, etc.)	el barīd (m)	البريد
facteur (m)	sā'y el barīd (m)	ساعي البريد
heures (f pl) d'ouverture	aw'āt el 'amal (pl)	أوقات العمل
lettre (f)	resāla (f)	رسالة
recommandé (m)	resāla mosaggala (f)	رسالة مسجّلة
carte (f) postale	kart barīdy (m)	كرت بريدي
télégramme (m)	barqiya (f)	برقيّة
colis (m)	ṭard (m)	طرد
mandat (m) postal	ḥewāla māliya (f)	حوالة مالية
recevoir (vt)	estalam	إستلم
envoyer (vt)	arsal	أرسل
envoi (m)	ersāl (m)	إرسال
adresse (f)	'enwān (m)	عنوان
code (m) postal	raqam el barīd (m)	رقم البريد
expéditeur (m)	morsel (m)	مرسل
destinataire (m)	morsel elayh (m)	مرسل إليه
prénom (m)	esm (m)	اسم
nom (m) de famille	esm el 'a'ela (m)	اسم العائلة
tarif (m)	ta'rīfa (f)	تعريفة
normal (adj)	'ādy	عادي
économique (adj)	mowaffer	موّفر
poids (m)	wazn (m)	وزن
peser (~ les lettres)	wazan	وزن
enveloppe (f)	ẓarf (m)	ظرف
timbre (m)	ṭābe' (m)	طابع
timbrer (vt)	alṣaq ṭābe'	ألصق طابع

43. Les opérations bancaires

banque (f)	bank (m)	بنك
agence (f) bancaire	far' (m)	فرع

conseiller (m)	mowazzaf bank (m)	موظّف بنك
gérant (m)	modīr (m)	مدير
compte (m)	ḥesāb bank (m)	حساب بنك
numéro (m) du compte	raqam el ḥesāb (m)	رقم الحساب
compte (m) courant	ḥesāb gāry (m)	حساب جاري
compte (m) sur livret	ḥesāb tawfīr (m)	حساب توّفير
ouvrir un compte	fataḥ ḥesāb	فتح حساب
clôturer le compte	'afal ḥesāb	قفل حساب
verser dans le compte	awdaʿ fel ḥesāb	أودع في الحساب
retirer du compte	saḥab men el ḥesāb	سحب من الحساب
dépôt (m)	wadeeʿa (f)	وديعة
faire un dépôt	awdaʿ	أودع
virement (m) bancaire	ḥewāla maṣrefiya (f)	حوالة مصرفيّة
faire un transfert	ḥawwel	حوّل
somme (f)	mablaɣ (m)	مبلغ
Combien?	kām?	كام؟
signature (f)	tawqeeʿ (m)	توقيع
signer (vt)	waqqaʿ	وقّع
carte (f) de crédit	kredit kard (f)	كريدت كارد
code (m)	kōd (m)	كود
numéro (m) de carte de crédit	raqam el kredit kard (m)	رقم الكريدت كارد
distributeur (m)	makinet ṣarrāf 'āly (f)	ماكينة صرّاف آلي
chèque (m)	ʃīk (m)	شيك
faire un chèque	katab ʃīk	كتب شيك
chéquier (m)	daftar ʃikāt (m)	دفتر شيكات
crédit (m)	qarḍ (m)	قرض
demander un crédit	'addem ṭalab ʿala qarḍ	قدّم طلب على قرض
prendre un crédit	ḥaṣal ʿala qarḍ	حصل على قرض
accorder un crédit	edda qarḍ	ادّى قرض
gage (m)	ḍamān (m)	ضمان

44. Le téléphone. La conversation téléphonique

téléphone (m)	telefon (m)	تليفون
portable (m)	mobile (m)	موبايل
répondeur (m)	gehāz radd ʿalal mokalmāt (m)	جهاز ردّ على المكالمات
téléphoner, appeler	ettaṣal	إتّصل
appel (m)	mokalma telefoniya (f)	مكالمة تليفونية
composer le numéro	ettaṣal be raqam	إتّصل برقم
Allô!	alo!	ألو!
demander (~ l'heure)	sa'al	سأل
répondre (vi, vt)	radd	ردّ
entendre (bruit, etc.)	semeʿ	سمع
bien (adv)	kewayes	كويّس

mal (adv)	meʃ kowayīs	مش كويّس
bruits (m pl)	taʃwīʃ (m)	تشويش
récepteur (m)	sammāʿa (f)	سمّاعة
décrocher (vt)	rafaʿ el sammāʿa	رفع السمّاعة
raccrocher (vi)	ʾafal el sammāʿa	قفل السمّاعة
occupé (adj)	maʃɣūl	مشغول
sonner (vi)	rann	رن
carnet (m) de téléphone	dalīl el telefone (m)	دليل التليفون
local (adj)	maḥalliyya	ة محلّيّة
appel (m) local	mokalma maḥalliya (f)	مكالمة محلّيّة
interurbain (adj)	biʿīd	بعيد
appel (m) interurbain	mokalma biʿīda (f)	مكالمة بعيدة المدى
international (adj)	dowly	دوّلي
appel (m) international	mokalma dowliya (f)	مكالمة دوليّة

45. Le téléphone portable

portable (m)	mobile (m)	موبايل
écran (m)	ʿarḍ (m)	عرض
bouton (m)	ẓerr (m)	زر
carte SIM (f)	sim kard (m)	سيم كارد
pile (f)	baṭṭariya (f)	بطّاريّة
être déchargé	χelṣet	خلصت
chargeur (m)	ʃāḥen (m)	شاحن
menu (m)	qāʾema (f)	قائمة
réglages (m pl)	awḍāʿ (pl)	أوضاع
mélodie (f)	naɣama (f)	نغمة
sélectionner (vt)	eχtār	إختار
calculatrice (f)	ʾāla ḥasba (f)	آلة حاسبة
répondeur (m)	barīd ṣawty (m)	بريد صوتي
réveil (m)	monabbeh (m)	منبّه
contacts (m pl)	gehāt el etteṣāl (pl)	جهات الإتّصال
SMS (m)	resāla ʾaṣīra ɛsɛmɛs (f)	sms رسالة قصيرة
abonné (m)	moʃtarek (m)	مشترك

46. La papeterie

stylo (m) à bille	ʾalam gāf (m)	قلم جاف
stylo (m) à plume	ʾalam rīʃa (m)	قلم ريشة
crayon (m)	ʾalam roṣāṣ (m)	قلم رصاص
marqueur (m)	markar (m)	ماركر
feutre (m)	ʾalam fulumaster (m)	قلم فلوماستر
bloc-notes (m)	mozakkera (f)	مذكّرة
agenda (m)	gadwal el aʿmāl (m)	جدول الأعمال

règle (f)	masṭara (f)	مسطرة
calculatrice (f)	'āla ḥasba (f)	آلة حاسبة
gomme (f)	astīka (f)	استيكة
punaise (f)	dabbūs (m)	دبّوس
trombone (m)	dabbūs wara' (m)	دبّوس ورق
colle (f)	ṣamɣ (m)	صمغ
agrafeuse (f)	dabbāsa (f)	دبّاسة
perforateur (m)	χarrāma (m)	خرّامة
taille-crayon (m)	barrāya (f)	برّاية

47. Les langues étrangères

langue (f)	loɣa (f)	لغة
étranger (adj)	agnaby	أجنبيّ
langue (f) étrangère	loɣa agnabiya (f)	لغة أجنبية
étudier (vt)	daras	درس
apprendre (~ l'arabe)	ta'allam	تعلّم
lire (vi, vt)	'ara	قرأ
parler (vi, vt)	kallem	كلّم
comprendre (vt)	fehem	فهم
écrire (vt)	katab	كتب
vite (adv)	bosor'a	بسرعة
lentement (adv)	bo boṭ'	ببطء
couramment (adv)	beṭalāqa	بطلاقة
règles (f pl)	qawā'ed (pl)	قواعد
grammaire (f)	el naḥw wel ṣarf (m)	النحو والصرف
vocabulaire (m)	mofradāt el loɣa (pl)	مفردات اللغة
phonétique (f)	ṣawtīāt (pl)	صوتيات
manuel (m)	ketāb ta'līm (m)	كتاب تعليم
dictionnaire (m)	qamūs (m)	قاموس
manuel (m) autodidacte	ketāb ta'līm zāty (m)	كتاب تعليم ذاتي
guide (m) de conversation	ketāb lel 'ebarāt el ʃā'e'a (m)	كتاب للعبارت الشائعة
cassette (f)	kasett (m)	كاسيت
cassette (f) vidéo	ʃerī'ṭ video (m)	شريط فيديو
CD (m)	sidī (m)	سي دي
DVD (m)	dividī (m)	دي في دي
alphabet (m)	abgadiya (f)	أبجدية
épeler (vt)	tahagga	تهجّى
prononciation (f)	noṭ' (m)	نطق
accent (m)	lahga (f)	لهجة
avec un accent	be lahga	بـ لهجة
sans accent	men ɣeyr lahga	من غير لهجة
mot (m)	kelma (f)	كلمة
sens (m)	ma'na (m)	معنى
cours (m pl)	dawra (f)	دورة

s'inscrire (vp)	saggel esmo	سجّل إسمه
professeur (m) (~ d'anglais)	modarres (m)	مدرس
traduction (f) (action)	targama (f)	ترجمة
traduction (f) (texte)	targama (f)	ترجمة
traducteur (m)	motargem (m)	مترجم
interprète (m)	motargem fawwry (m)	مترجم فوّري
polyglotte (m)	ʿalīm beʿeddet loɣāt (m)	عليم بعدّة لغات
mémoire (f)	zākera (f)	ذاكرة

LES REPAS. LE RESTAURANT

48. Le dressage de la table

cuillère (f)	ma'la'a (f)	معلقة
couteau (m)	sekkīna (f)	سكّينة
fourchette (f)	ʃawka (f)	شوكة
tasse (f)	fengān (m)	فنجان
assiette (f)	ṭaba' (m)	طبق
soucoupe (f)	ṭaba' fengān (m)	طبق فنجان
serviette (f)	mandīl wara' (m)	منديل ورق
cure-dent (m)	χallet senān (f)	خلة سنان

49. Le restaurant

restaurant (m)	maṭ'am (m)	مطعم
salon (m) de café	'ahwa (f), kaféih (m)	قهوة, كافيه
bar (m)	bār (m)	بار
salon (m) de thé	ṣalone ʃāy (m)	صالون شاي
serveur (m)	garsone (m)	جرسون
serveuse (f)	garsona (f)	جرسونة
barman (m)	bārman (m)	بارمان
carte (f)	qā'emet el ṭa'ām (f)	قائمة طعام
carte (f) des vins	qā'emet el χomūr (f)	قائمة خمور
réserver une table	ḥagaz sofra	حجز سفرة
plat (m)	wagba (f)	وجبة
commander (vt)	ṭalab	طلب
faire la commande	ṭalab	طلب
apéritif (m)	ʃarāb (m)	شراب
hors-d'œuvre (m)	moqabbelāt (pl)	مقبّلات
dessert (m)	ḥalawīāt (pl)	حلويّات
addition (f)	ḥesāb (m)	حساب
régler l'addition	dafa' el ḥesāb	دفع الحساب
rendre la monnaie	edda el bā'y	ادّي الباقي
pourboire (m)	ba'ʃīʃ (m)	بقشيش

50. Les repas

nourriture (f)	akl (m)	أكل
manger (vi, vt)	akal	أكل

petit déjeuner (m)	foṭūr (m)	فطور
prendre le petit déjeuner	feṭer	فطر
déjeuner (m)	ɣada' (m)	غداء
déjeuner (vi)	etɣadda	إتغدّى
dîner (m)	'aʃā' (m)	عشاء
dîner (vi)	et'asʃa	إتعشّى
appétit (m)	ʃahiya (f)	شهيّة
Bon appétit!	bel hana wel ʃefa!	بالهنا والشفا!
ouvrir (vt)	fataḥ	فتح
renverser (liquide)	dala'	دلق
se renverser (liquide)	dala'	دلق
bouillir (vi)	ɣely	غلى
faire bouillir	ɣely	غلى
bouilli (l'eau ~e)	maɣly	مغلي
refroidir (vt)	barrad	برّد
se refroidir (vp)	barrad	برّد
goût (m)	ṭa'm (m)	طعم
arrière-goût (m)	ṭa'm ma ba'd el mazāq (m)	طعم ما بعد المذاق
suivre un régime	χass	خسّ
régime (m)	reʒīm (m)	رجيم
vitamine (f)	vitamīn (m)	فيتامين
calorie (f)	so'ra ḥarāriya (f)	سعرة حراريّة
végétarien (m)	nabāty (m)	نباتي
végétarien (adj)	nabāty	نباتي
lipides (m pl)	dohūn (pl)	دهون
protéines (f pl)	brotenāt (pl)	بروتينات
glucides (m pl)	naʃawīāt (pl)	نشويّات
tranche (f)	ʃarīḥa (f)	شريحة
morceau (m)	'eṭ'a (f)	قطعة
miette (f)	fattāta (f)	فتاتة

51. Les plats cuisinés

plat (m)	wagba (f)	وجبة
cuisine (f)	maṭbaχ (m)	مطبخ
recette (f)	waṣfa (f)	وصفة
portion (f)	naṣīb (m)	نصيب
salade (f)	solṭa (f)	سلطة
soupe (f)	ʃorba (f)	شوربة
bouillon (m)	mara'a (m)	مرقة
sandwich (m)	sandawitʃ (m)	ساندويتش
les œufs brouillés	beyḍ ma'ly (m)	بيض مقلي
hamburger (m)	hamburger (m)	هامبورجر
steak (m)	steak laḥm (m)	ستيك لحم
garniture (f)	ṭaba' gāneby (m)	طبق جانبي

spaghettis (m pl)	spaɣetti (m)	سباجيتي
purée (f)	baṭāṭes mahrūsa (f)	بطاطس مهروسة
pizza (f)	bītza (f)	بيتزا
bouillie (f)	ʿaṣīda (f)	عصيدة
omelette (f)	omlette (m)	اومليت

cuit à l'eau (adj)	maslūʾ	مسلوق
fumé (adj)	modakχen	مدخّن
frit (adj)	maʾly	مقلي
sec (adj)	mogaffaf	مجفّف
congelé (adj)	mogammad	مجمّد
mariné (adj)	meχallel	مخلّل

sucré (adj)	mesakkar	مسكّر
salé (adj)	māleḥ	مالح
froid (adj)	bāred	بارد
chaud (adj)	soχn	سخن
amer (adj)	morr	مرّ
bon (savoureux)	ḥelw	حلو

cuire à l'eau	salaʾ	سلق
préparer (le dîner)	ḥaḍḍar	حضّر
faire frire	ʾala	قلي
réchauffer (vt)	sakχan	سخّن

saler (vt)	rasʃ malḥ	رشّ ملح
poivrer (vt)	rasʃ felfel	رشّ فلفل
râper (vt)	baraʃ	برش
peau (f)	ʾeʃra (f)	قشرة
éplucher (vt)	ʾasʃar	قشّر

52. Les aliments

viande (f)	laḥma (f)	لحمة
poulet (m)	ferāχ (m)	فراخ
poulet (m) (poussin)	farrūg (m)	فرّوج
canard (m)	baṭṭa (f)	بطّة
oie (f)	wezza (f)	وزّة
gibier (m)	ṣeyd (m)	صيد
dinde (f)	dīk rūmy (m)	ديك رومي

du porc	laḥm el χanazīr (m)	لحم الخنزير
du veau	laḥm el ʿegl (m)	لحم العجل
du mouton	laḥm ḍāny (m)	لحم ضاني
du bœuf	laḥm baqary (m)	لحم بقري
lapin (m)	laḥm arāneb (m)	لحم أرانب

saucisson (m)	sogoʾʾ (m)	سجق
saucisse (f)	sogoʾʾ (m)	سجق
bacon (m)	bakon (m)	بيكون
jambon (m)	hām(m)	هام
cuisse (f)	faχd χanzīr (m)	فخد خنزير
pâté (m)	maʿgūn laḥm (m)	معجون لحم
foie (m)	kebda (f)	كبدة

farce (f)	hamburger (m)	هامبورجر
langue (f)	lesān (m)	لسان
œuf (m)	beyḍa (f)	بيضة
les œufs	beyḍ (m)	بيض
blanc (m) d'œuf	bayāḍ el beyḍ (m)	بياض البيض
jaune (m) d'œuf	ṣafār el beyḍ (m)	صفار البيض
poisson (m)	samak (m)	سمك
fruits (m pl) de mer	sīfūd (pl)	سي فود
caviar (m)	kaviar (m)	كافيار
crabe (m)	kaboria (m)	كابوريا
crevette (f)	gammbary (m)	جمبري
huître (f)	maḥār (m)	محار
langoustine (f)	estakoza (m)	استاكوزا
poulpe (m)	aχṭabūṭ (m)	أخطبوط
calamar (m)	kalmāry (m)	كالماري
esturgeon (m)	samak el ḥaʃʃ (m)	سمك الحفش
saumon (m)	salamon (m)	سلمون
flétan (m)	samak el halbūt (m)	سمك الهلبوت
morue (f)	samak el qadd (m)	سمك القد
maquereau (m)	makerel (m)	ماكريل
thon (m)	tuna (f)	تونة
anguille (f)	ḥankalīs (m)	حنكليس
truite (f)	salamon mera''aṭ (m)	سلمون مرقّط
sardine (f)	sardīn (m)	سردين
brochet (m)	samak el karāky (m)	سمك الكراكي
hareng (m)	renga (f)	رنجة
pain (m)	ʿeyʃ (m)	عيش
fromage (m)	gebna (f)	جبنة
sucre (m)	sokkar (m)	سكّر
sel (m)	melḥ (m)	ملح
riz (m)	rozz (m)	رزّ
pâtes (m pl)	makaruna (f)	مكرونة
nouilles (f pl)	nūdles (f)	نودلز
beurre (m)	zebda (f)	زبدة
huile (f) végétale	zeyt (m)	زيت
huile (f) de tournesol	zeyt ʿabbād el ʃams (m)	زيت عبّاد الشمس
margarine (f)	margarīn (m)	مارجرين
olives (f pl)	zaytūn (m)	زيتون
huile (f) d'olive	zeyt el zaytūn (m)	زيت الزيتون
lait (m)	laban (m)	لبن
lait (m) condensé	ḥalīb mokassaf (m)	حليب مكثّف
yogourt (m)	zabādy (m)	زبادي
crème (f) aigre	kreyma ḥamḍa (f)	كريمة حامضة
crème (f) (de lait)	krīma (f)	كريمة
sauce (f) mayonnaise	mayonnɛ:z (m)	مايونيز

crème (f) au beurre	krīmet zebda (f)	كريمة زبدة
gruau (m)	ḥobūb 'amḥ (pl)	حبوب قمح
farine (f)	de'ī' (m)	دقيق
conserves (f pl)	mo'allabāt (pl)	معلّبات
pétales (m pl) de maïs	korn fleks (m)	كورن فليكس
miel (m)	'asal (m)	عسل
confiture (f)	mrabba (m)	مربّى
gomme (f) à mâcher	lebān (m)	لبان

53. Les boissons

eau (f)	meyāh (f)	مياه
eau (f) potable	mayet ʃorb (m)	ميّة شرب
eau (f) minérale	maya ma'daniya (f)	ميّة معدنية
plate (adj)	rakeda	راكدة
gazeuse (l'eau ~)	kanz	كانز
pétillante (adj)	kanz	كانز
glace (f)	talg (m)	ثلج
avec de la glace	bel talg	بالتلج
sans alcool	men ɣeyr koḥūl	من غير كحول
boisson (f) non alcoolisée	maʃrūb ɣāzy (m)	مشروب غازي
rafraîchissement (m)	ḥāga sa''a (f)	حاجة ساقعة
limonade (f)	limonāta (f)	ليموناتة
boissons (f pl) alcoolisées	maʃrūbāt koḥūliya (pl)	مشروبات كحولية
vin (m)	χamra (f)	خمرة
vin (m) blanc	nebīz abyaḍ (m)	نبيذ أبيض
vin (m) rouge	nebī aḥmar (m)	نبيذ أحمر
liqueur (f)	liqure (m)	ليكيور
champagne (m)	ʃambania (f)	شمبانيا
vermouth (m)	vermote (m)	فيرموت
whisky (m)	wiski (m)	ويسكي
vodka (f)	vodka (f)	فودكا
gin (m)	ʒin (m)	جين
cognac (m)	konyāk (m)	كونياك
rhum (m)	rum (m)	رم
café (m)	'ahwa (f)	قهوة
café (m) noir	'ahwa sāda (f)	قهوة سادة
café (m) au lait	'ahwa bel ḥalīb (f)	قهوة بالحليب
cappuccino (m)	kaputʃino (m)	كابتشينو
café (m) soluble	neskafe (m)	نيسكافيه
lait (m)	laban (m)	لبن
cocktail (m)	koktayl (m)	كوكتيل
cocktail (m) au lait	milk ʃejk (m)	ميلك شيك
jus (m)	'aṣīr (m)	عصير
jus (m) de tomate	'aṣīr ṭamāṭem (m)	عصير طماطم

jus (m) d'orange	ʿaṣīr bortoqāl (m)	عصير برتقال
jus (m) pressé	ʿaṣīr freʃ (m)	عصير فريش
bière (f)	bīra (f)	بيرة
bière (f) blonde	bīra χafīfa (f)	بيرة خفيفة
bière (f) brune	bīra ɣam'a (f)	بيرة غامقة
thé (m)	ʃāy (m)	شاي
thé (m) noir	ʃāy aḥmar (m)	شاي أحمر
thé (m) vert	ʃāy aχḍar (m)	شاي أخضر

54. Les légumes

légumes (m pl)	χoḍār (pl)	خضار
verdure (f)	χoḍrawāt waraqiya (pl)	خضروات ورقية
tomate (f)	ṭamāṭem (f)	طماطم
concombre (m)	χeyār (m)	خيار
carotte (f)	gazar (m)	جزر
pomme (f) de terre	baṭāṭes (f)	بطاطس
oignon (m)	baṣal (m)	بصل
ail (m)	tūm (m)	ثوم
chou (m)	koronb (m)	كرنب
chou-fleur (m)	'arnabīṭ (m)	قرنبيط
chou (m) de Bruxelles	koronb broksel (m)	كرنب بروكسل
brocoli (m)	brokkoli (m)	بركولي
betterave (f)	bangar (m)	بنجر
aubergine (f)	bātengān (m)	باذنجان
courgette (f)	kōsa (f)	كوسة
potiron (m)	qarʿ ʿasaly (m)	قرع عسلي
navet (m)	left (m)	لفت
persil (m)	ba'dūnes (m)	بقدونس
fenouil (m)	ʃabat (m)	شبت
laitue (f) (salade)	χass (m)	خسّ
céleri (m)	karfas (m)	كرفس
asperge (f)	helione (m)	هليون
épinard (m)	sabāneχ (m)	سبانخ
pois (m)	besella (f)	بسلّة
fèves (f pl)	fūl (m)	فول
maïs (m)	dora (f)	ذرة
haricot (m)	faṣolya (f)	فاصوليا
poivron (m)	felfel (m)	فلفل
radis (m)	fegl (m)	فجل
artichaut (m)	χarʃūf (m)	خرشوف

55. Les fruits. Les noix

fruit (m)	faχa (f)	فاكهة
pomme (f)	toffāḥa (f)	تفّاحة

poire (f)	komettra (f)	كمّثرى
citron (m)	lymūn (m)	ليمون
orange (f)	bortoqāl (m)	برتقال
fraise (f)	farawla (f)	فراولة
mandarine (f)	yosfy (m)	يوسفي
prune (f)	bar'ū' (m)	برقوق
pêche (f)	χawχa (f)	خوخة
abricot (m)	meʃmeʃ (f)	مشمش
framboise (f)	tūt el 'alī' el aḥmar (m)	توت العليق الأحمر
ananas (m)	ananās (m)	أناناس
banane (f)	moze (m)	موز
pastèque (f)	baṭṭīχ (m)	بطّيخ
raisin (m)	'enab (m)	عنب
merise (f), cerise (f)	karaz (m)	كرز
melon (m)	ʃammām (f)	شمّام
pamplemousse (m)	grabe frūt (m)	جريب فروت
avocat (m)	avokado (f)	افوكاتو
papaye (f)	babāya (m)	ببايا
mangue (f)	manga (m)	مانجة
grenade (f)	rommān (m)	رمان
groseille (f) rouge	keʃmeʃ aḥmar (m)	كشمش أحمر
cassis (m)	keʃmeʃ aswad (m)	كشمش أسود
groseille (f) verte	'enab el sa'lab (m)	عنب الثعلب
myrtille (f)	'enab al aḥrāg (m)	عنب الأحراج
mûre (f)	tūt aswad (m)	توت أسود
raisin (m) sec	zebīb (m)	زبيب
figue (f)	tīn (m)	تين
datte (f)	tamr (m)	تمر
cacahuète (f)	fūl sudāny (m)	فول سوداني
amande (f)	loze (m)	لوز
noix (f)	'eyn gamal (f)	عين الجمل
noisette (f)	bondo' (m)	بندق
noix (f) de coco	goze el hend (m)	جوز هند
pistaches (f pl)	fosto' (m)	فستق

56. Le pain. Les confiseries

confiserie (f)	ḥalawīāt (pl)	حلويّات
pain (m)	'eyʃ (m)	عيش
biscuit (m)	baskawīt (m)	بسكويت
chocolat (m)	ʃokolāta (f)	شكولاتة
en chocolat (adj)	bel ʃokolāṭa	بالشكولاتة
bonbon (m)	bonbony (m)	بونبوني
gâteau (m), pâtisserie (f)	keyka (f)	كيكة
tarte (f)	torta (f)	تورتة
gâteau (m)	feṭīra (f)	فطيرة
garniture (f)	ḥaʃwa (f)	حشوة

confiture (f)	mrabba (m)	مربَّى
marmelade (f)	marmalād (f)	مرملاد
gaufre (f)	waffles (pl)	وافلز
glace (f)	ʾays krīm (m)	آيس كريم
pudding (m)	būding (m)	بودنج

57. Les épices

sel (m)	melḥ (m)	ملح
salé (adj)	māleḥ	مالِح
saler (vt)	rasʃ malḥ	رشَ ملح
poivre (m) noir	felfel aswad (m)	فلفل أسوَد
poivre (m) rouge	felfel aḥmar (m)	فلفل أحمر
moutarde (f)	mosṭarda (m)	مسطردة
raifort (m)	fegl ḥār (m)	فجل حار
condiment (m)	bahār (m)	بهار
épice (f)	bahār (m)	بهار
sauce (f)	ṣalṣa (f)	صلصة
vinaigre (m)	χall (m)	خلَ
anis (m)	yansūn (m)	ينسون
basilic (m)	rīḥān (m)	ريحان
clou (m) de girofle	ʾoronfol (m)	قرنفل
gingembre (m)	zangabīl (m)	زنجبيل
coriandre (m)	kozbora (f)	كزبرة
cannelle (f)	ʾerfa (f)	قرفة
sésame (m)	semsem (m)	سمسم
feuille (f) de laurier	waraʾ el χār (m)	ورق الغار
paprika (m)	babrika (f)	بابريكا
cumin (m)	karawya (f)	كراوية
safran (m)	zaʿfarān (m)	زعفران

LES DONNÉES PERSONNELLES. LA FAMILLE

58. Les données personnelles. Les formulaires

prénom (m)	esm (m)	اسم
nom (m) de famille	esm el ʿa'ela (m)	اسم العائلة
date (f) de naissance	tarīχ el melād (m)	تاريخ الميلاد
lieu (m) de naissance	makān el melād (m)	مكان الميلاد
nationalité (f)	gensiya (f)	جنسيّة
domicile (m)	maqarr el eqāma (m)	مقرّ الإقامة
pays (m)	balad (m)	بلد
profession (f)	mehna (f)	مهنة
sexe (m)	ginss (m)	جنس
taille (f)	ṭūl (m)	طول
poids (m)	wazn (m)	وزن

59. La famille. Les liens de parenté

mère (f)	walda (f)	والدة
père (m)	wāled (m)	والد
fils (m)	walad (m)	ولد
fille (f)	bent (f)	بنت
fille (f) cadette	el bent el saɣīra (f)	البنت الصغيرة
fils (m) cadet	el ebn el saɣīr (m)	الابن الصغير
fille (f) aînée	el bent el kebīra (f)	البنت الكبيرة
fils (m) aîné	el ebn el kabīr (m)	الابن الكبير
frère (m)	aχ (m)	أخ
frère (m) aîné	el aχ el kibīr (m)	الأخ الكبير
frère (m) cadet	el aχ el ṣoɣeyyir (m)	الأخ الصغير
sœur (f)	oχt (f)	أخت
sœur (f) aînée	el uχt el kibīra (f)	الأخت الكبيرة
sœur (f) cadette	el uχt el ṣoɣeyyira (f)	الأخت الصغيرة
cousin (m)	ibn ʿamm (m), ibn χāl (m)	إبن عمّ, إبن خال
cousine (f)	bint ʿamm (f), bint χāl (f)	بنت عم, بنت خال
maman (f)	mama (f)	ماما
papa (m)	baba (m)	بابا
parents (m pl)	waldeyn (du)	والدين
enfant (m, f)	ṭefl (m)	طفل
enfants (pl)	aṭfāl (pl)	أطفال
grand-mère (f)	gedda (f)	جدّة
grand-père (m)	gadd (m)	جدّ
petit-fils (m)	ḥafīd (m)	حفيد

petite-fille (f)	ḥafīda (f)	حفيدة
petits-enfants (pl)	aḥfād (pl)	أحفاد
oncle (m)	ʿamm (m), χāl (m)	عمّ, خال
tante (f)	ʿamma (f), χāla (f)	عمّة, خالة
neveu (m)	ibn el aχ (m), ibn el uχt (m)	إبن الأخ, إبن الأخت
nièce (f)	bint el aχ (f), bint el uχt (f)	بنت الأخ, بنت الأخت
belle-mère (f)	ḥamah (f)	حماة
beau-père (m)	ḥama (m)	حما
gendre (m)	goze el bent (m)	جوز البنت
belle-mère (f)	merāt el abb (f)	مرات الأب
beau-père (m)	goze el omm (m)	جوز الأم
nourrisson (m)	ṭefl raḍeeʿ (m)	طفل رضيع
bébé (m)	mawlūd (m)	موّلود
petit (m)	walad ṣaɣīr (m)	ولد صغير
femme (f)	goza (f)	جوزة
mari (m)	goze (m)	جوز
époux (m)	goze (m)	جوز
épouse (f)	goza (f)	جوزة
marié (adj)	metgawwez	متجوّز
mariée (adj)	metgawweza	متجوّزة
célibataire (adj)	aʿzab	أعزب
célibataire (m)	aʿzab (m)	أعزب
divorcé (adj)	moṭallaq (m)	مطلّق
veuve (f)	armala (f)	أرملة
veuf (m)	armal (m)	أرمل
parent (m)	ʾarīb (m)	قريب
parent (m) proche	nesīb ʾarīb (m)	نسيب قريب
parent (m) éloigné	nesīb beʿīd (m)	نسيب بعيد
parents (m pl)	aqāreb (pl)	أقارب
orphelin (m), orpheline (f)	yatīm (m)	يتيم
tuteur (m)	walyī amr (m)	وليّ أمر
adopter (un garçon)	tabanna	تبنّى
adopter (une fille)	tabanna	تبنّى

60. Les amis. Les collègues

ami (m)	ṣadīq (m)	صديق
amie (f)	ṣadīqa (f)	صديقة
amitié (f)	ṣadāqa (f)	صداقة
être ami	ṣādaq	صادق
copain (m)	ṣāḥeb (m)	صاحب
copine (f)	ṣaḥba (f)	صاحبة
partenaire (m)	rafīʾ (m)	رفيق
chef (m)	raʾīs (m)	رئيس
supérieur (m)	el arfaʿ maqāman (m)	الأرفع مقاماً
propriétaire (m)	ṣāḥib (m)	صاحب

subordonné (m)	tābe' (m)	تابع
collègue (m, f)	zamīl (m)	زميل
connaissance (f)	ma'refa (m)	معرفة
compagnon (m) de route	rafī' safar (m)	رفيق سفر
copain (m) de classe	zamīl fel ṣaff (m)	زميل في الصفّ
voisin (m)	gār (m)	جار
voisine (f)	gāra (f)	جارة
voisins (m pl)	gerān (pl)	جيران

LE CORPS HUMAIN. LES MÉDICAMENTS

61. La tête

tête (f)	ra's (m)	رأس
visage (m)	weʃ (m)	وش
nez (m)	manaχīr (m)	مناخير
bouche (f)	bo' (m)	بوء
œil (m)	'eyn (f)	عين
les yeux	'oyūn (pl)	عيون
pupille (f)	ḥad'a (f)	حدقة
sourcil (m)	ḥāgeb (m)	حاجب
cil (m)	remʃ (m)	رمش
paupière (f)	gefn (m)	جفن
langue (f)	lesān (m)	لسان
dent (f)	senna (f)	سنّة
lèvres (f pl)	ʃafāyef (pl)	شفايف
pommettes (f pl)	'aḍmet el χadd (f)	عضمة الخدّ
gencive (f)	lassa (f)	لثّة
palais (m)	ḥanak (m)	حنك
narines (f pl)	manaχer (pl)	مناخر
menton (m)	da''n (m)	دقن
mâchoire (f)	fakk (m)	فكّ
joue (f)	χadd (m)	خدّ
front (m)	gabha (f)	جبهة
tempe (f)	ṣedɣ (m)	صدغ
oreille (f)	wedn (f)	ودن
nuque (f)	'afa (m)	قفا
cou (m)	ra'aba (f)	رقبة
gorge (f)	zore (m)	زور
cheveux (m pl)	ʃa'r (m)	شعر
coiffure (f)	tasrīḥa (f)	تسريحة
coupe (f)	tasrīḥa (f)	تسريحة
perruque (f)	barūka (f)	باروكة
moustache (f)	ʃanab (pl)	شنب
barbe (f)	leḥya (f)	لحية
porter (~ la barbe)	'ando	عنده
tresse (f)	ḍefīra (f)	ضفيرة
favoris (m pl)	sawālef (pl)	سوالف
roux (adj)	aḥmar el ʃa'r	أحمر الشعر
gris, grisonnant (adj)	ʃa'r abyaḍ	شعر أبيض
chauve (adj)	aṣla'	أصلع
calvitie (f)	ṣala' (m)	صلع

queue (f) de cheval	deyl ḥoṣān (m)	ديل حصان
frange (f)	'oṣṣa (f)	قصّة

62. Le corps humain

main (f)	yad (m)	يد
bras (m)	derā' (f)	دراع
doigt (m)	ṣobā' (m)	صباع
orteil (m)	ṣobā' el 'adam (m)	صباع القدم
pouce (m)	ebhām (m)	إبهام
petit doigt (m)	χonṣor (m)	خنصر
ongle (m)	ḍefr (m)	ضفر
poing (m)	qabḍa (f)	قبضة
paume (f)	kaff (f)	كفّ
poignet (m)	me'ṣam (m)	معصم
avant-bras (m)	sā'ed (m)	ساعد
coude (m)	kū' (m)	كوع
épaule (f)	ketf (f)	كتف
jambe (f)	regl (f)	رجل
pied (m)	qadam (f)	قدم
genou (m)	rokba (f)	ركبة
mollet (m)	semmāna (f)	سمّانة
hanche (f)	faχd (f)	فخد
talon (m)	ka'b (m)	كعب
corps (m)	gesm (m)	جسم
ventre (m)	baṭn (m)	بطن
poitrine (f)	ṣedr (m)	صدر
sein (m)	sady (m)	ثدي
côté (m)	ganb (m)	جنب
dos (m)	ḍahr (m)	ضهر
reins (région lombaire)	asfal el ḍahr (m)	أسفل الضهر
taille (f) (~ de guêpe)	wesṭ (f)	وسط
nombril (m)	sorra (f)	سرّة
fesses (f pl)	ardāf (pl)	أرداف
derrière (m)	debr (m)	دبر
grain (m) de beauté	ʃāma (f)	شامة
tache (f) de vin	waḥma	وحمة
tatouage (m)	waʃm (m)	وشم
cicatrice (f)	nadba (f)	ندبة

63. Les maladies

maladie (f)	maraḍ (m)	مرض
être malade	mereḍ	مرض
santé (f)	ṣeḥḥa (f)	صحّة
rhume (m) (coryza)	raʃ-ḥ fel anf (m)	رشح في الأنف

angine (f)	eltehāb el lawzateyn (m)	إلتهاب اللوزتين
refroidissement (m)	zokām (m)	زكام
prendre froid	gālo bard	جاله برد
bronchite (f)	eltehāb ʃoʿaby (m)	إلتهاب شعبيّ
pneumonie (f)	eltehāb raʾawy (m)	إلتهاب رئوي
grippe (f)	influenza (f)	إنفلونزا
myope (adj)	ʾaṣīr el naẓar	قصير النظر
presbyte (adj)	beʿīd el naẓar	بعيد النظر
strabisme (m)	ḥawal (m)	حوَل
strabique (adj)	aḥwal	أحوَل
cataracte (f)	katarakt (f)	كاتاراكت
glaucome (m)	glawkoma (f)	جلوكوما
insulte (f)	sakta (f)	سكتة
crise (f) cardiaque	azma ʾalbiya (f)	أزمة قلبية
infarctus (m) de myocarde	nawba ʾalbiya (f)	نوبة قلبية
paralysie (f)	ʃalal (m)	شلل
paralyser (vt)	ʃall	شلّ
allergie (f)	ḥasasiya (f)	حساسيّة
asthme (m)	rabw (m)	ربو
diabète (m)	dāʾ el sokkary (m)	داء السكّري
mal (m) de dents	alam asnān (m)	ألم الأسنان
carie (f)	naχr el asnān (m)	نخر الأسنان
diarrhée (f)	es-hāl (m)	إسهال
constipation (f)	emsāk (m)	إمساك
estomac (m) barbouillé	eḍṭrāb el meʿda (m)	إضطراب المعدة
intoxication (f) alimentaire	tasammom (m)	تسمّم
être intoxiqué	etsammem	إتسمّم
arthrite (f)	eltehāb el mafāṣel (m)	إلتهاب المفاصل
rachitisme (m)	kosāḥ el aṭfāl (m)	كساح الأطفال
rhumatisme (m)	rheumatism (m)	روماتزم
athérosclérose (f)	taṣṣallob el ʃarayīn (m)	تصلّب الشرايين
gastrite (f)	eltehāb el meʿda (m)	إلتهاب المعدة
appendicite (f)	eltehāb el zayda el dūdiya (m)	إلتهاب الزائدة الدودية
cholécystite (f)	eltehāb el marāra (m)	إلتهاب المرارة
ulcère (m)	qorḥa (f)	قرحة
rougeole (f)	maraḍ el ḥaṣba (m)	مرض الحصبة
rubéole (f)	el ḥaṣba el almaniya (f)	الحصبة الألمانية
jaunisse (f)	yaraqān (m)	يرقان
hépatite (f)	eltehāb el kabed el vayrūsy (m)	إلتهاب الكبد الفيروسي
schizophrénie (f)	fuṣām (m)	فصام
rage (f) (hydrophobie)	dāʾ el kalb (m)	داء الكلب
névrose (f)	eḍṭrāb ʿaṣaby (m)	إضطراب عصبي
commotion (f) cérébrale	ertegāg el moχ (m)	إرتجاج المخ
cancer (m)	saraṭān (m)	سرطان
sclérose (f)	taṣṣallob (m)	تصلّب

sclérose (f) en plaques	taṣṣallob motaʿadded (m)	تصلّب متعدّد
alcoolisme (m)	edmān el χamr (m)	إدمان الخمر
alcoolique (m)	modmen el χamr (m)	مدمن الخمر
syphilis (f)	syfilis el zehry (m)	سفلس الزهري
SIDA (m)	el eydz (m)	الايدز
tumeur (f)	waram (m)	ورم
maligne (adj)	χabīs	خبيث
bénigne (adj)	ḥamīd (m)	حميد
fièvre (f)	ḥomma (f)	حمّى
malaria (f)	malaria (f)	ملاريا
gangrène (f)	ɣanɣarīna (f)	غنغرينا
mal (m) de mer	dawār el baḥr (m)	دوار البحر
épilepsie (f)	maraḍ el ṣaraʿ (m)	مرض الصرع
épidémie (f)	wabāʾ (m)	وباء
typhus (m)	tyfus (m)	تيفوس
tuberculose (f)	maraḍ el soll (m)	مرض السلّ
choléra (m)	kōlīra (f)	كوليرا
peste (f)	ṭaʿūn (m)	طاعون

64. Les symptômes. Le traitement. Partie 1

symptôme (m)	ʿaraḍ (m)	عرض
température (f)	ḥarāra (f)	حرارة
fièvre (f)	ḥomma (f)	حمّى
pouls (m)	nabḍ (m)	نبض
vertige (m)	dawχa (f)	دوخة
chaud (adj)	soχn	سخن
frisson (m)	raʿʃa (f)	رعشة
pâle (adj)	aṣfar	أصفر
toux (f)	koḥḥa (f)	كحّة
tousser (vi)	kaḥḥ	كحّ
éternuer (vi)	ʿaṭas	عطس
évanouissement (m)	dawχa (f)	دوخة
s'évanouir (vp)	oɣma ʿaleyh	أغمي عليه
bleu (m)	kadma (f)	كدمة
bosse (f)	tawarrom (m)	تورّم
se heurter (vp)	etχabaṭ	إتخبط
meurtrissure (f)	raḍḍa (f)	رضّة
se faire mal	etkadam	إتكدم
boiter (vi)	ʿarag	عرج
foulure (f)	χalʿ (m)	خلع
se démettre (l'épaule, etc.)	χalaʿ	خلع
fracture (f)	kasr (m)	كسر
avoir une fracture	enkasar	إنكسر
coupure (f)	garḥ (m)	جرح
se couper (~ le doigt)	garaḥ nafsoh	جرح نفسه

hémorragie (f)	nazīf (m)	نزيف
brûlure (f)	ḥar' (m)	حرق
se brûler (vp)	et-ḥara'	إتحرق
se piquer (le doigt)	waχaz	وخز
se piquer (vp)	waχaz nafso	وخز نفسه
blesser (vt)	aṣāb	أصاب
blessure (f)	eṣāba (f)	إصابة
plaie (f) (blessure)	garḥ (m)	جرح
trauma (m)	ṣadma (f)	صدمة
délirer (vi)	haza	هذى
bégayer (vi)	tala'sam	تلعثم
insolation (f)	ḍarabet ʃams (f)	ضربة شمس

65. Les symptômes. Le traitement. Partie 2

douleur (f)	alam (m)	ألم
écharde (f)	ʃazya (f)	شظية
sueur (f)	'er' (m)	عرق
suer (vi)	'ere'	عرق
vomissement (m)	targee' (m)	ترجيع
spasmes (m pl)	taʃonnogāt (pl)	تشنّجات
enceinte (adj)	ḥāmel	حامل
naître (vi)	etwalad	اتوّلد
accouchement (m)	welāda (f)	ولادة
accoucher (vi)	walad	ولد
avortement (m)	eg-hāḍ (m)	إجهاض
respiration (f)	tanaffos (m)	تنفّس
inhalation (f)	estenʃāq (m)	إستنشاق
expiration (f)	zafīr (m)	زفير
expirer (vi)	zafar	زفر
inspirer (vi)	estanʃaq	إستنشق
invalide (m)	mo'āq (m)	معاق
handicapé (m)	moq'ad (m)	مقعد
drogué (m)	modmen moχaddarāt (m)	مدمن مخدّرات
sourd (adj)	aṭraʃ	أطرش
muet (adj)	aχras	أخرس
sourd-muet (adj)	aṭraʃ aχras	أطرش أخرس
fou (adj)	magnūn (m)	مجنون
fou (m)	magnūn (m)	مجنون
folle (f)	magnūna (f)	مجنونة
devenir fou	etgannen	اتجنّن
gène (m)	ʒīn (m)	جين
immunité (f)	manā'a (f)	مناعة
héréditaire (adj)	werāsy	وراثي
congénital (adj)	χolqy men el welāda	خلقي من الولادة

virus (m)	virūs (m)	فيروس
microbe (m)	mikrūb (m)	ميكروب
bactérie (f)	garsūma (f)	جرثومة
infection (f)	'adwa (f)	عدوى

66. Les symptômes. Le traitement. Partie 3

hôpital (m)	mostaʃfa (m)	مستشفى
patient (m)	marīḍ (m)	مريض
diagnostic (m)	taʃχīṣ (m)	تشخيص
cure (f) (faire une ~)	ʃefā' (m)	شفاء
traitement (m)	'elāg ṭebby (m)	علاج طبي
se faire soigner	et'āleg	اتعالج
traiter (un patient)	'ālag	عالج
soigner (un malade)	marraḍ	مرّض
soins (m pl)	'enāya (f)	عناية
opération (f)	'amaliya grāḥiya (f)	عمليّة جراحية
panser (vt)	ḍammad	ضمّد
pansement (m)	taḍmīd (m)	تضميد
vaccination (f)	talqīḥ (m)	تلقيح
vacciner (vt)	laqqaḥ	لقّح
piqûre (f)	ḥo'na (f)	حقنة
faire une piqûre	ḥa'an ebra	حقن إبرة
crise, attaque (f)	nawba (f)	نوبة
amputation (f)	batr (m)	بتر
amputer (vt)	batr	بتر
coma (m)	ɣaybūba (f)	غيبوبة
être dans le coma	kān fi ḥālet ɣaybūba	كان في حالة غيبوبة
réanimation (f)	el 'enāya el morakkaza (f)	العناية المركّزة
se rétablir (vp)	ʃefy	شفي
état (m) (de santé)	ḥāla (f)	حالة
conscience (f)	wa'y (m)	وعي
mémoire (f)	zākera (f)	ذاكرة
arracher (une dent)	χala'	خلع
plombage (m)	ḥaʃww (m)	حشو
plomber (vt)	ḥaʃa	حشا
hypnose (f)	el tanwīm el meɣnaṭīsy (m)	التنويم المغناطيسي
hypnotiser (vt)	nawwem	نوّم

67. Les médicaments. Les accessoires

médicament (m)	dawā' (m)	دواء
remède (m)	'elāg (m)	علاج
prescrire (vt)	waṣaf	وصف
ordonnance (f)	waṣfa (f)	وصفة

comprimé (m)	'orṣ (m)	قرص
onguent (m)	marham (m)	مرهم
ampoule (f)	ambūla (f)	أمبولة
mixture (f)	dawā' ʃorb (m)	دواء شراب
sirop (m)	ʃarāb (m)	شراب
pilule (f)	ḥabba (f)	حبّة
poudre (f)	zorūr (m)	ذرور
bande (f)	ḍammāda ʃāʃ (f)	ضمادة شاش
coton (m) (ouate)	'oṭn (m)	قطن
iode (m)	yūd (m)	يود
sparadrap (m)	blaster (m)	بلاستر
compte-gouttes (m)	'aṭṭāra (f)	قطّارة
thermomètre (m)	termometr (m)	ترمومتر
seringue (f)	serennga (f)	سرنّجة
fauteuil (m) roulant	korsy motaḥarrek (m)	كرسي متحرك
béquilles (f pl)	ʿokkāz (m)	عكّاز
anesthésique (m)	mosakken (m)	مسكّن
purgatif (m)	molayen (m)	مليّن
alcool (m)	etanol (m)	إيثانول
herbe (f) médicinale	aʿʃāb ṭebbiya (pl)	أعشاب طبّية
d'herbes (adj)	ʿoʃby	عشبي

L'APPARTEMENT

68. L'appartement

appartement (m)	ʃa"a (f)	شقّة
chambre (f)	oḍa (f)	أوضة
chambre (f) à coucher	oḍet el nome (f)	أوضة النوم
salle (f) à manger	oḍet el sofra (f)	أوضة السفرة
salon (m)	oḍet el esteqbāl (f)	أوضة الإستقبال
bureau (m)	maktab (m)	مكتب
antichambre (f)	madχal (m)	مدخل
salle (f) de bains	ḥammām (m)	حمّام
toilettes (f pl)	ḥammām (m)	حمّام
plafond (m)	sa'f (m)	سقف
plancher (m)	arḍiya (f)	أرضية
coin (m)	zawya (f)	زاوية

69. Les meubles. L'intérieur

meubles (m pl)	asās (m)	أثاث
table (f)	maktab (m)	مكتب
chaise (f)	korsy (m)	كرسي
lit (m)	serīr (m)	سرير
canapé (m)	kanaba (f)	كنبة
fauteuil (m)	korsy (m)	كرسي
bibliothèque (f) (meuble)	χazzānet kotob (f)	خزّانة كتب
rayon (m)	raff (m)	رفّ
armoire (f)	dolāb (m)	دولاب
patère (f)	ʃammā'a (f)	شمّاعة
portemanteau (m)	ʃammā'a (f)	شمّاعة
commode (f)	dolāb adrāg (m)	دولاب أدراج
table (f) basse	ṭarabeyzet el 'ahwa (f)	طرابيزة القهوة
miroir (m)	merāya (f)	مراية
tapis (m)	seggāda (f)	سجّادة
petit tapis (m)	seggāda (f)	سجّادة
cheminée (f)	daffāya (f)	دفّاية
bougie (f)	ʃam'a (f)	شمعة
chandelier (m)	ʃam'adān (m)	شمعدان
rideaux (m pl)	satā'er (pl)	ستائر
papier (m) peint	wara' ḥā'eṭ (m)	ورق حائط

jalousie (f)	satā'er ofoqiya (pl)	ستائر أفقيّة
lampe (f) de table	abāʒūr (f)	اباجورة
applique (f)	lammbet ḥā'eṭ (f)	لمّبة حائط
lampadaire (m)	meṣbāḥ arḍy (m)	مصباح أرضي
lustre (m)	nagafa (f)	نجفة
pied (m) (~ de la table)	regl (f)	رجل
accoudoir (m)	masnad (m)	مسند
dossier (m)	masnad (m)	مسند
tiroir (m)	dorg (m)	درج

70. La literie

linge (m) de lit	bayāḍāt el serīr (pl)	بياضات السرير
oreiller (m)	maχadda (f)	مخدّة
taie (f) d'oreiller	kīs el maχadda (m)	كيس المخدّة
couverture (f)	leḥāf (m)	لحاف
drap (m)	melāya (f)	ملاية
couvre-lit (m)	ɣaṭā' el serīr (m)	غطاء السرير

71. La cuisine

cuisine (f)	maṭbaχ (m)	مطبخ
gaz (m)	ɣāz (m)	غاز
cuisinière (f) à gaz	botoɣāz (m)	بوتوغاز
cuisinière (f) électrique	forn kaharabā'y (m)	فرن كهربائي
four (m)	forn (m)	فرن
four (m) micro-ondes	mikroweyv (m)	ميكروويف
réfrigérateur (m)	tallāga (f)	ثلاجة
congélateur (m)	freyzer (m)	فريزر
lave-vaisselle (m)	ɣassālet aṭbā' (f)	غسّالة أطباق
hachoir (m) à viande	farrāmet laḥm (f)	فرّامة لحم
centrifugeuse (f)	'aṣṣāra (f)	عصّارة
grille-pain (m)	maḥmaṣet χobz (f)	محمصة خبز
batteur (m)	χallāṭ (m)	خلّاط
machine (f) à café	makinet ṣon' el 'ahwa (f)	ماكينة صنع القهوة
cafetière (f)	ɣallāya kahraba'iya (f)	غلّاية القهوة
moulin (m) à café	maṭ-ḥanet 'ahwa (f)	مطحنة قهوة
bouilloire (f)	ɣallāya (f)	غلّاية
théière (f)	barrād el ʃāy (m)	برّاد الشاي
couvercle (m)	ɣaṭā' (m)	غطاء
passoire (f) à thé	maṣfāh el ʃāy (f)	مصفاة الشاي
cuillère (f)	ma'la'a (f)	معلقة
petite cuillère (f)	ma'la'et ʃāy (f)	معلقة شاي
cuillère (f) à soupe	ma'la'a kebīra (f)	ملعقة كبيرة
fourchette (f)	ʃawka (f)	شوكة
couteau (m)	sekkīna (f)	سكّينة

vaisselle (f)	awāny (pl)	أواني
assiette (f)	ṭaba' (m)	طبق
soucoupe (f)	ṭaba' fengān (m)	طبق فنجان
verre (m) à shot	kāsa (f)	كاسة
verre (m) (~ d'eau)	kobbāya (f)	كوبّاية
tasse (f)	fengān (m)	فنجان
sucrier (m)	sokkariya (f)	سكّريّة
salière (f)	mamlaḥa (f)	مملحة
poivrière (f)	mobhera (f)	مبهرة
beurrier (m)	ṭaba' zebda (m)	طبق زبدة
casserole (f)	ḥalla (f)	حلّة
poêle (f)	ṭāsa (f)	طاسة
louche (f)	maɣrafa (f)	مغرفة
passoire (f)	maṣfāh (f)	مصفاه
plateau (m)	ṣeniya (f)	صينيّة
bouteille (f)	ezāza (f)	إزازة
bocal (m) (à conserves)	barṭamān (m)	برطمان
boîte (f) en fer-blanc	kanz (m)	كانز
ouvre-bouteille (m)	fattāḥa (f)	فتّاحة
ouvre-boîte (m)	fattāḥa (f)	فتّاحة
tire-bouchon (m)	barrīma (f)	بريّمة
filtre (m)	filter (m)	فلتر
filtrer (vt)	ṣaffa	صفّى
ordures (f pl)	zebāla (f)	زبالة
poubelle (f)	ṣandū' el zebāla (m)	صندوق الزبالة

72. La salle de bains

salle (f) de bains	ḥammām (m)	حمّام
eau (f)	meyāh (f)	مياه
robinet (m)	ḥanafiya (f)	حنفيّة
eau (f) chaude	maya soχna (f)	مايّة سخنة
eau (f) froide	maya barda (f)	مايّة باردة
dentifrice (m)	ma'gūn asnān (m)	معجون أسنان
se brosser les dents	naḍḍaf el asnān	نظّف الأسنان
brosse (f) à dents	forʃet senān (f)	فرشة أسنان
se raser (vp)	ḥala'	حلق
mousse (f) à raser	raɣwa lel ḥelā'a (f)	رغوة للحلاقة
rasoir (m)	mūs (m)	موس
laver (vt)	ɣasal	غسل
se laver (vp)	estaḥamma	إستحمّى
douche (f)	doʃ (m)	دوش
prendre une douche	aχad doʃ	أخد دوش
baignoire (f)	banyo (m)	بانيو
cuvette (f)	twalet (m)	تواليت

lavabo (m)	ḥoḍe (m)	حوض
savon (m)	ṣabūn (m)	صابون
porte-savon (m)	ṣabbāna (f)	صبّانة
éponge (f)	līfa (f)	ليفة
shampooing (m)	ʃambū (m)	شامبو
serviette (f)	fūṭa (f)	فوطة
peignoir (m) de bain	robe el ḥammām (m)	روب حمّام
lessive (f) (faire la ~)	ɣasīl (m)	غسيل
machine (f) à laver	ɣassāla (f)	غسّالة
faire la lessive	ɣasal el malābes	غسل الملابس
lessive (f) (poudre)	mas-ḥū' ɣasīl (m)	مسحوق غسيل

73. Les appareils électroménagers

téléviseur (m)	televizion (m)	تليفزيون
magnétophone (m)	gehāz tasgīl (m)	جهاز تسجيل
magnétoscope (m)	'āla tasgīl video (f)	آلة تسجيل فيديو
radio (f)	gehāz radio (m)	جهاز راديو
lecteur (m)	blayer (m)	بليير
vidéoprojecteur (m)	gehāz 'arḍ (m)	جهاز عرض
home cinéma (m)	sinema manzeliya (f)	سينما منزليّة
lecteur DVD (m)	dividī blayer (m)	دي في دي بليير
amplificateur (m)	mokabbaer el ṣote (m)	مكبّر الصوت
console (f) de jeux	'ātāry (m)	أتاري
caméscope (m)	kamera video (f)	كاميرا فيديو
appareil (m) photo	kamera (f)	كاميرا
appareil (m) photo numérique	kamera diʒital (f)	كاميرا ديجيتال
aspirateur (m)	maknasa kahraba'iya (f)	مكنسة كهربائيّة
fer (m) à repasser	makwa (f)	مكواة
planche (f) à repasser	lawḥet kayī (f)	لوحة كيّ
téléphone (m)	telefon (m)	تليفون
portable (m)	mobile (m)	موبايل
machine (f) à écrire	'āla katba (f)	آلة كاتبة
machine (f) à coudre	makanet el χeyāṭa (f)	مكنة الخياطة
micro (m)	mikrofon (m)	ميكروفون
écouteurs (m pl)	samma'āt ra'siya (pl)	سمّاعات رأسية
télécommande (f)	remowt kontrol (m)	ريموت كنترول
CD (m)	sidī (m)	سي دي
cassette (f)	kasett (m)	كاسيت
disque (m) (vinyle)	esṭewāna mūsīqa (f)	أسطوانة موسيقى

LA TERRE. LE TEMPS

74. L'espace cosmique

cosmos (m)	faḍā' (m)	فضاء
cosmique (adj)	faḍā'y	فضائي
espace (m) cosmique	el faḍā' el χāregy (m)	الفضاء الخارجي
monde (m)	'ālam (m)	عالم
univers (m)	el kōn (m)	الكون
galaxie (f)	el magarra (f)	المجرّة
étoile (f)	negm (m)	نجم
constellation (f)	borg (m)	برج
planète (f)	kawwkab (m)	كوكب
satellite (m)	'amar ṣenā'y (m)	قمر صناعي
météorite (m)	nayzek (m)	نيزك
comète (f)	mozannab (m)	مذنّب
astéroïde (m)	kowaykeb (m)	كويكب
orbite (f)	madār (m)	مدار
tourner (vi)	dār	دار
atmosphère (f)	el ɣelāf el gawwy (m)	الغلاف الجوّي
Soleil (m)	el ʃams (f)	الشمس
système (m) solaire	el magmū'a el ʃamsiya (f)	المجموعة الشمسيّة
éclipse (f) de soleil	kosūf el ʃams (m)	كسوف الشمس
Terre (f)	el arḍ (f)	الأرض
Lune (f)	el 'amar (m)	القمر
Mars (m)	el marrīχ (m)	المرّيخ
Vénus (f)	el zahra (f)	الزهرة
Jupiter (m)	el moʃtary (m)	المشتري
Saturne (m)	zoḥḥol (m)	زحل
Mercure (m)	'aṭāred (m)	عطارد
Uranus (m)	uranus (m)	اورانوس
Neptune	nibtūn (m)	نبتون
Pluton (m)	bluto (m)	بلوتو
la Voie Lactée	darb el tebbāna (m)	درب التبّانة
la Grande Ours	el dobb el akbar (m)	الدب الأكبر
la Polaire	negm el 'oṭb (m)	نجم القطب
martien (m)	sāken el marrīχ (m)	ساكن المرّيخ
extraterrestre (m)	faḍā'y (m)	فضائي
alien (m)	kā'en faḍā'y (m)	كائن فضائي
soucoupe (f) volante	ṭaba' ṭā'er (m)	طبق طائر
vaisseau (m) spatial	markaba faḍa'iya (f)	مركبة فضائية

station (f) orbitale	maḥaṭṭet faḍā' (f)	محطّة فضاء
lancement (m)	enṭelāq (m)	إنطلاق
moteur (m)	motore (m)	موتور
tuyère (f)	manfaθ (m)	منفث
carburant (m)	woqūd (m)	وقود
cabine (f)	kabīna (f)	كابينة
antenne (f)	hawā'y (m)	هوائي
hublot (m)	kowwa mostadīra (f)	كوّة مستديرة
batterie (f) solaire	lawḥa ʃamsiya (f)	لوحة شمسيّة
scaphandre (m)	badlet el faḍā' (f)	بدلة الفضاء
apesanteur (f)	en'edām wazn (m)	إنعدام الوزن
oxygène (m)	oksiʒīn (m)	أوكسجين
arrimage (m)	rasw (m)	رسو
s'arrimer à ...	rasa	رسى
observatoire (m)	marṣad (m)	مرصد
télescope (m)	teleskop (m)	تلسكوب
observer (vt)	rāqab	راقب
explorer (un cosmos)	estakʃef	إستكشف

75. La Terre

Terre (f)	el arḍ (f)	الأرض
globe (m) terrestre	el kora el arḍiya (f)	الكرة الأرضيّة
planète (f)	kawwkab (m)	كوكب
atmosphère (f)	el ɣelāf el gawwy (m)	الغلاف الجوّي
géographie (f)	goɣrafia (f)	جغرافيا
nature (f)	ṭabee'a (f)	طبيعة
globe (m) de table	namūzag lel kora el arḍiya (m)	نموذج للكرة الأرضيّة
carte (f)	xarīṭa (f)	خريطة
atlas (m)	aṭlas (m)	أطلس
Europe (f)	orobba (f)	أوروبّا
Asie (f)	asya (f)	آسيا
Afrique (f)	afreqia (f)	أفريقيا
Australie (f)	ostorālya (f)	أستراليا
Amérique (f)	amrīka (f)	أمريكا
Amérique (f) du Nord	amrīka el ʃamaliya (f)	أمريكا الشماليّة
Amérique (f) du Sud	amrīka el ganūbiya (f)	أمريكا الجنوبيّة
l'Antarctique (m)	el qoṭb el ganūby (m)	القطب الجنوبي
l'Arctique (m)	el qoṭb el ʃamāly (m)	القطب الشمالي

76. Les quatre parties du monde

nord (m)	ʃemāl (m)	شمال
vers le nord	lel ʃamāl	للشمال

au nord	fel ʃamāl	في الشمال
du nord (adj)	ʃamāly	شمالي
sud (m)	ganūb (m)	جنوب
vers le sud	lel ganūb	للجنوب
au sud	fel ganūb	في الجنوب
du sud (adj)	ganūby	جنوبي
ouest (m)	ɣarb (m)	غرب
vers l'occident	lel ɣarb	للغرب
à l'occident	fel ɣarb	في الغرب
occidental (adj)	ɣarby	غربي
est (m)	ʃarʾ (m)	شرق
vers l'orient	lel ʃarʾ	للشرق
à l'orient	fel ʃarʾ	في الشرق
oriental (adj)	ʃarʾy	شرقي

77. Les océans et les mers

mer (f)	baḥr (m)	بحر
océan (m)	moḥīṭ (m)	محيط
golfe (m)	χalīg (m)	خليج
détroit (m)	maḍīq (m)	مضيق
terre (f) ferme	barr (m)	برّ
continent (m)	qārra (f)	قارّة
île (f)	gezīra (f)	جزيرة
presqu'île (f)	ʃebh gezeyra (f)	شبه جزيرة
archipel (m)	magmūʿet gozor (f)	مجموعة جزر
baie (f)	χalīg (m)	خليج
port (m)	mināʾ (m)	ميناء
lagune (f)	lagūn (m)	لاجون
cap (m)	raʾs (m)	رأس
atoll (m)	gezīra morganiya estwaʾiya (f)	جزيرة مرجانيّة إستوائيّة
récif (m)	ʃoʿāb (pl)	شعاب
corail (m)	morgān (m)	مرجان
récif (m) de corail	ʃoʿāb morganiya (pl)	شعاب مرجانية
profond (adj)	ʿamīq	عميق
profondeur (f)	ʿomq (m)	عمق
abîme (m)	el ʿomq el saḥīq (m)	العمق السحيق
fosse (f) océanique	χondoq (m)	خندق
courant (m)	tayār (m)	تيّار
baigner (vt) (mer)	ḥāṭ	حاط
littoral (m)	sāḥel (m)	ساحل
côte (f)	sāḥel (m)	ساحل
marée (f) haute	tayār (m)	تيّار
marée (f) basse	gozor (m)	جزر

banc (m) de sable	meyāh ḍaḥla (f)	مياه ضحلة
fond (m)	qā' (m)	قاع
vague (f)	mouga (f)	موجة
crête (f) de la vague	qemma (f)	قمّة
mousse (f)	zabad el baḥr (m)	زبد البحر
tempête (f) en mer	'āṣefa (f)	عاصفة
ouragan (m)	e'ṣār (m)	إعصار
tsunami (m)	tsunāmy (m)	تسونامي
calme (m)	hodū' (m)	هدوء
calme (tranquille)	hady	هادئ
pôle (m)	'oṭb (m)	قطب
polaire (adj)	'oṭby	قطبي
latitude (f)	'arḍ (m)	عرض
longitude (f)	χaṭṭ ṭūl (m)	خطّ طول
parallèle (f)	motawāz (m)	متواز
équateur (m)	χaṭṭ el estewā' (m)	خطّ الإستواء
ciel (m)	samā' (f)	سماء
horizon (m)	ofoq (m)	أفق
air (m)	hawā' (m)	هواء
phare (m)	manāra (f)	منارة
plonger (vi)	ɣāṣ	غاص
sombrer (vi)	ɣere'	غرق
trésor (m)	konūz (pl)	كنوز

78. Les noms des mers et des océans

océan (m) Atlantique	el moḥeyṭ el aṭlanṭy (m)	المحيط الأطلنطي
océan (m) Indien	el moḥeyṭ el hendy (m)	المحيط الهندي
océan (m) Pacifique	el moḥeyṭ el hādy (m)	المحيط الهادي
océan (m) Glacial	el moḥeyṭ el motagammed el ʃamāly (m)	المحيط المتجمّد الشمالي
mer (f) Noire	el baḥr el aswad (m)	البحر الأسود
mer (f) Rouge	el baḥr el aḥmar (m)	البحر الأحمر
mer (f) Jaune	el baḥr el aṣfar (m)	البحر الأصفر
mer (f) Blanche	el baḥr el abyaḍ (m)	البحر الأبيض
mer (f) Caspienne	baḥr qazwīn (m)	بحر قزوين
mer (f) Morte	el baḥr el mayet (m)	البحر الميّت
mer (f) Méditerranée	el baḥr el abyaḍ el motawasseṭ (m)	البحر الأبيض المتوسّط
mer (f) Égée	baḥr eygah (m)	بحر إيجة
mer (f) Adriatique	el baḥr el adreyatīky (m)	البحر الأدرياتيكي
mer (f) Arabique	baḥr el 'arab (m)	بحر العرب
mer (f) du Japon	baḥr el yabān (m)	بحر اليابان
mer (f) de Béring	baḥr bering (m)	بحر بيرينغ

mer (f) de Chine Méridionale	baḥr el ṣeyn el ganūby (m)	بحر الصين الجنوبي
mer (f) de Corail	baḥr el morgān (m)	بحر المرجان
mer (f) de Tasman	baḥr tazman (m)	بحر تسمان
mer (f) Caraïbe	el baḥr el karību (m)	البحر الكاريبي
mer (f) de Barents	baḥr barents (m)	بحر بارنتس
mer (f) de Kara	baḥr kara (m)	بحر كارا
mer (f) du Nord	baḥr el ʃamāl (m)	بحر الشمال
mer (f) Baltique	baḥr el balṭīq (m)	بحر البلطيق
mer (f) de Norvège	baḥr el nerwīg (m)	بحر النرويج

79. Les montagnes

montagne (f)	gabal (m)	جبل
chaîne (f) de montagnes	selselet gebāl (f)	سلسلة جبال
crête (f)	notū' el gabal (m)	نتوء الجبل
sommet (m)	qemma (f)	قمّة
pic (m)	qemma (f)	قمّة
pied (m)	asfal (m)	أسفل
pente (f)	monḥadar (m)	منحدر
volcan (m)	borkān (m)	بركان
volcan (m) actif	borkān naʃeṭ (m)	بركان نشط
volcan (m) éteint	borkān χāmed (m)	بركان خامد
éruption (f)	sawarān (m)	ثوّران
cratère (m)	fawhet el borkān (f)	فوهة البركان
magma (m)	magma (f)	ماجما
lave (f)	ḥomam borkāniya (pl)	حمم بركانية
en fusion (lave ~)	monṣahera	منصهرة
canyon (m)	wādy ḍaye' (m)	وادي ضيّق
défilé (m) (gorge)	mamarr ḍaye' (m)	ممرّ ضيّق
crevasse (f)	ʃa'' (m)	شقّ
précipice (m)	hāwya (f)	هاوية
col (m) de montagne	mamarr gabaly (m)	ممرّ جبلي
plateau (m)	haḍaba (f)	هضبة
rocher (m)	garf (m)	جرف
colline (f)	tall (m)	تلّ
glacier (m)	nahr galīdy (m)	نهر جليدي
chute (f) d'eau	ʃallāl (m)	شلّال
geyser (m)	nab' maya ḥāra (m)	نبع ميّة حارة
lac (m)	boḥeyra (f)	بحيرة
plaine (f)	sahl (m)	سهل
paysage (m)	manzar ṭabee'y (m)	منظر طبيعي
écho (m)	ṣada (m)	صدى
alpiniste (m)	motasalleq el gebāl (m)	متسلّق الجبال
varappeur (m)	motasalleq ṣoχūr (m)	متسلّق صخور

conquérir (vt)	taɣallab ʿala	تغلّب على
ascension (f)	tasalloq (m)	تسلّق

80. Les noms des chaînes de montagne

Alpes (f pl)	gebāl el alb (pl)	جبال الألب
Mont Blanc (m)	mōn blōn (m)	مون بلون
Pyrénées (f pl)	gebāl el barānes (pl)	جبال البرانس
Carpates (f pl)	gebāl el karbāt (pl)	جبال الكاربات
Monts Oural (m pl)	gebāl el urāl (pl)	جبال الأورال
Caucase (m)	gebāl el qoqāz (pl)	جبال القوقاز
Elbrous (m)	gabal elbrus (m)	جبل إلبروس
Altaï (m)	gebāl altāy (pl)	جبال ألتاي
Tian Chan (m)	gebāl tian ʃan (pl)	جبال تيان شان
Pamir (m)	gebāl bamir (pl)	جبال بامير
Himalaya (m)	himalāya (pl)	هيمالايا
Everest (m)	gabal everest (m)	جبل افرست
Andes (f pl)	gebāl el andīz (pl)	جبال الأنديز
Kilimandjaro (m)	gabal kilimanʒaro (m)	جبل كليمنجارو

81. Les fleuves

rivière (f), fleuve (m)	nahr (m)	نهر
source (f)	ʿeyn (m)	عين
lit (m) (d'une rivière)	magra el nahr (m)	مجرى النهر
bassin (m)	ḥoḍe (m)	حوض
se jeter dans ...	ṣabb fe ...	صبّ في...
affluent (m)	rāfed (m)	رافد
rive (f)	ḍaffa (f)	ضفّة
courant (m)	tayār (m)	تيّار
en aval	maʿ ettigāh magra el nahr	مع إتّجاه مجرى النهر
en amont	ḍed el tayār	ضد التيار
inondation (f)	ɣamr (m)	غمر
les grandes crues	fayaḍān (m)	فيضان
déborder (vt)	fāḍ	فاض
inonder (vt)	ɣamar	غمر
bas-fond (m)	meyāh ḍaḥla (f)	مياه ضحلة
rapide (m)	monḥadar el nahr (m)	منحدر النهر
barrage (m)	sadd (m)	سدّ
canal (m)	qanah (f)	قناة
lac (m) de barrage	χazzān māʾy (m)	خزّان مائي
écluse (f)	bawwāba qanṭara (f)	بوّابة قنطرة
plan (m) d'eau	berka (f)	بركة
marais (m)	mostanqaʿ (m)	مستنقع

fondrière (f)	mostanqaʿ (m)	مستنقع
tourbillon (m)	dawwāma (f)	دوّامة
ruisseau (m)	gadwal (m)	جدول
potable (adj)	el ʃorb	الشرب
douce (l'eau ~)	ʿazb	عذب
glace (f)	galīd (m)	جليد
être gelé	etgammed	إتجمّد

82. Les noms des fleuves

Seine (f)	el seyn (m)	السين
Loire (f)	el lua:r (m)	اللوار
Tamise (f)	el teymz (m)	التيمز
Rhin (m)	el rayn (m)	الراين
Danube (m)	el danūb (m)	الدانوب
Volga (f)	el volga (m)	الفولغا
Don (m)	el done (m)	الدون
Lena (f)	lena (m)	لينا
Huang He (m)	el nahr el aṣfar (m)	النهر الأصفر
Yangzi Jiang (m)	el yangesty (m)	اليانغستي
Mékong (m)	el mekong (m)	الميكونغ
Gange (m)	el ɣang (m)	الغانج
Nil (m)	el nīl (m)	النيل
Congo (m)	el kongo (m)	الكونغو
Okavango (m)	okavango (m)	أوكافانجو
Zambèze (m)	el zambizi (m)	الزمبيزي
Limpopo (m)	limbobo (m)	ليمبوبو
Mississippi (m)	el mississibbi (m)	الميسيسيبي

83. La forêt

forêt (f)	ɣāba (f)	غابة
forestier (adj)	ɣāba	غابة
fourré (m)	ɣāba kasīfa (f)	غابة كثيفة
bosquet (m)	bostān (m)	بستان
clairière (f)	ezālet el ɣābāt (f)	إزالة الغابات
broussailles (f pl)	agama (f)	أجمة
taillis (m)	arāḍy el ʃogayrāt (pl)	أراضي الشجيرات
sentier (m)	mamarr (m)	ممرّ
ravin (m)	wādy ḍayeʾ (m)	وادي ضيّق
arbre (m)	ʃagara (f)	شجرة
feuille (f)	waraʾa (f)	ورقة

feuillage (m)	wara' (m)	ورق
chute (f) de feuilles	tasā'oṭ el awrā' (m)	تساقط الأوراق
tomber (feuilles)	saqaṭ	سقط
sommet (m)	ra's (m)	رأس
rameau (m)	ɣoṣn (m)	غصن
branche (f)	ɣoṣn ra'īsy (m)	غصن رئيسي
bourgeon (m)	bor'om (m)	برعم
aiguille (f)	ʃawka (f)	شوكة
pomme (f) de pin	kūz el ṣnowbar (m)	كوز الصنوبر
creux (m)	gofe (m)	جوف
nid (m)	'eʃ (m)	عشّ
terrier (m) (~ d'un renard)	goḥr (m)	جحر
tronc (m)	gez' (m)	جذع
racine (f)	gezr (m)	جذر
écorce (f)	leḥā' (m)	لحاء
mousse (f)	ṭaḥlab (m)	طحلب
déraciner (vt)	eqtala'	إقتلع
abattre (un arbre)	'aṭṭa'	قطّع
déboiser (vt)	azāl el ɣabāt	أزال الغابات
souche (f)	gez' el ʃagara (m)	جذع الشجرة
feu (m) de bois	nār moxayem (m)	نار مخيّم
incendie (m)	ḥarī' ɣāba (m)	حريق غابة
éteindre (feu)	ṭaffa	طفّى
garde (m) forestier	ḥāres el ɣāba (m)	حارس الغابة
protection (f)	ḥemāya (f)	حماية
protéger (vt)	ḥama	حمى
braconnier (m)	sāre' el ṣeyd (m)	سارق الصيد
piège (m) à mâchoires	maṣyada (f)	مصيدة
cueillir (vt)	gamma'	جمّع
s'égarer (vp)	tāh	تاه

84. Les ressources naturelles

ressources (f pl) naturelles	sarawāt ṭabi'iya (pl)	ثروات طبيعيّة
minéraux (m pl)	ma'āden (pl)	معادن
gisement (m)	rawāseb (pl)	رواسب
champ (m) (~ pétrolifère)	ḥaql (m)	حقل
extraire (vt)	estaxrag	إستخرج
extraction (f)	estexrāg (m)	إستخراج
minerai (m)	xām (m)	خام
mine (f) (site)	mangam (m)	منجم
puits (m) de mine	mangam (m)	منجم
mineur (m)	'āmel mangam (m)	عامل منجم
gaz (m)	ɣāz (m)	غاز
gazoduc (m)	xaṭṭ anabīb ɣāz (m)	خطّ أنابيب غاز

pétrole (m)	naft (m)	نفط
pipeline (m)	anabīb el naft (pl)	أنابيب النفط
tour (f) de forage	bīr el naft (m)	بير النفط
derrick (m)	ḥaffāra (f)	حفّارة
pétrolier (m)	nāqelet betrūl (f)	ناقلة بترول
sable (m)	raml (m)	رمل
calcaire (m)	ḥagar el kals (m)	حجر الكلس
gravier (m)	ḥaṣa (m)	حصى
tourbe (f)	χaθ faḥm nabāty (m)	خث فحم نباتي
argile (f)	ṭīn (m)	طين
charbon (m)	faḥm (m)	فحم
fer (m)	ḥadīd (m)	حديد
or (m)	dahab (m)	ذهب
argent (m)	faḍḍa (f)	فضّة
nickel (m)	nikel (m)	نيكل
cuivre (m)	neḥās (m)	نحاس
zinc (m)	zink (m)	زنك
manganèse (m)	manganīz (m)	منجنيز
mercure (m)	ze'baq (m)	زئبق
plomb (m)	roṣāṣ (m)	رصاص
minéral (m)	ma'dan (m)	معدن
cristal (m)	kristāl (m)	كريستال
marbre (m)	roχām (m)	رخام
uranium (m)	yuranuim (m)	يورانيوم

85. Le temps

temps (m)	ṭa's (m)	طقس
météo (f)	naʃra gawiya (f)	نشرة جويّة
température (f)	ḥarāra (f)	حرارة
thermomètre (m)	termometr (m)	ترمومتر
baromètre (m)	barometr (m)	بارومتر
humide (adj)	roṭob	رطب
humidité (f)	roṭūba (f)	رطوبة
chaleur (f) (canicule)	ḥarāra (f)	حرارة
torride (adj)	ḥarr	حارّ
il fait très chaud	el gaww ḥarr	الجّو حرّ
il fait chaud	el gaww dafa	الجوّ دفا
chaud (modérément)	dāfe'	دافئ
il fait froid	el gaww bāred	الجوّ بارد
froid (adj)	bāred	بارد
soleil (m)	ʃams (f)	شمس
briller (soleil)	nawwar	نوّر
ensoleillé (jour ~)	moʃmes	مشمس
se lever (vp)	ʃara'	شرق
se coucher (vp)	ɣarab	غرب

nuage (m)	saḥāba (f)	سحابة
nuageux (adj)	meɣayem	مغيّم
nuée (f)	saḥābet maṭar (f)	سحابة مطر
sombre (adj)	meɣayem	مغيّم
pluie (f)	maṭar (m)	مطر
il pleut	el donia betmaṭṭar	الدنيا بتمطّر
pluvieux (adj)	momṭer	ممطر
bruiner (v imp)	maṭṭaret razāz	مطّرت رذاذ
pluie (f) torrentielle	maṭar monhamer (f)	مطر منهمر
averse (f)	maṭar ɣazīr (m)	مطر غزير
forte (la pluie ~)	ʃedīd	شديد
flaque (f)	berka (f)	بركة
se faire mouiller	ettbal	إتّبل
brouillard (m)	ʃabbūra (f)	شبّورة
brumeux (adj)	fih ʃabbūra	فيه شبّورة
neige (f)	talg (m)	ثلج
il neige	fih talg	فيه ثلج

86. Les intempéries. Les catastrophes naturelles

orage (m)	ʻāṣefa raʻdiya (f)	عاصفة رعدية
éclair (m)	barʼ (m)	برق
éclater (foudre)	baraq	برق
tonnerre (m)	raʻd (m)	رعد
gronder (tonnerre)	dawa	دوى
le tonnerre gronde	el samāʼ dawat raʻd (f)	السماء دوّت رعد
grêle (f)	maṭar bard (m)	مطر برد
il grêle	maṭṭaret bard	مطّرت برد
inonder (vt)	ɣamar	غمر
inondation (f)	fayaḍān (m)	فيضان
tremblement (m) de terre	zelzāl (m)	زلزال
secousse (f)	hazza arḍiya (f)	هزّة أرضية
épicentre (m)	markaz el zelzāl (m)	مركز الزلزال
éruption (f)	sawarān (m)	ثوّران
lave (f)	ḥomam borkāniya (pl)	حمم بركانية
tourbillon (m), tornade (f)	eʻṣār (m)	إعصار
typhon (m)	tyfūn (m)	طوفان
ouragan (m)	eʻṣār (m)	إعصار
tempête (f)	ʻāṣefa (f)	عاصفة
tsunami (m)	tsunāmy (m)	تسونامي
cyclone (m)	eʻṣār (m)	إعصار
intempéries (f pl)	ṭaʼs sayeʼ (m)	طقس سئ
incendie (m)	ḥarīʼ (m)	حريق

catastrophe (f)	karsa (f)	كارثة
météorite (m)	nayzek (m)	نيّزك
avalanche (f)	enheyār talgy (m)	إنهيار ثلجي
éboulement (m)	enheyār talgy (m)	إنهيار ثلجي
blizzard (m)	ʿāṣefa talgiya (f)	عاصفة ثلجيّة
tempête (f) de neige	ʿāṣefa talgiya (f)	عاصفة ثلجيّة

LA FAUNE

87. Les mammifères. Les prédateurs

prédateur (m)	moftares (m)	مفترس
tigre (m)	nemr (m)	نمر
lion (m)	asad (m)	أسد
loup (m)	ze'b (m)	ذئب
renard (m)	ta'lab (m)	ثعلب
jaguar (m)	nemr amrīky (m)	نمر أمريكي
léopard (m)	fahd (m)	فهد
guépard (m)	fahd ṣayād (m)	فهد صيّاد
panthère (f)	nemr aswad (m)	نمر أسوّد
puma (m)	asad el gebāl (m)	أسد الجبال
léopard (m) de neiges	nemr el tolūg (m)	نمر الثلوج
lynx (m)	waʃaq (m)	وشق
coyote (m)	qayūṭ (m)	قيوط
chacal (m)	ebn 'āwy (m)	ابن آوى
hyène (f)	ḍeb' (m)	ضبع

88. Les animaux sauvages

animal (m)	ḥayawān (m)	حيوان
bête (f)	waḥʃ (m)	وحش
écureuil (m)	sengāb (m)	سنجاب
hérisson (m)	qonfoz (m)	قنفذ
lièvre (m)	arnab barry (m)	أرنب بريّ
lapin (m)	arnab (m)	أرنب
blaireau (m)	ɣarīr (m)	غرير
raton (m)	rakūn (m)	راكون
hamster (m)	hamster (m)	هامستر
marmotte (f)	marmoṭ (m)	مرموط
taupe (f)	χold (m)	خلد
souris (f)	fār (m)	فأر
rat (m)	gerz (m)	جرذ
chauve-souris (f)	χoffāʃ (m)	خفّاش
hermine (f)	qāqem (m)	قاقِم
zibeline (f)	sammūr (m)	سمّور
martre (f)	fara'īāt (m)	فرائيات
belette (f)	ebn 'ers (m)	ابن عرس
vison (m)	mink (m)	منك

castor (m)	qondos (m)	قندس
loutre (f)	ta'lab maya (m)	ثعلب الميّة
cheval (m)	ḥoṣān (m)	حصان
élan (m)	eyl el mūz (m)	أيّل الموظ
cerf (m)	ayl (m)	أيل
chameau (m)	gamal (m)	جمل
bison (m)	bison (m)	بيسون
aurochs (m)	byson orobby (m)	بيسون أوروبي
buffle (m)	gamūs (m)	جاموس
zèbre (m)	ḥomār waḥʃy (m)	حمار وحشي
antilope (f)	ẓaby (m)	ظبي
chevreuil (m)	yaḥmūr orobby (m)	يحمورأوروبيّ
biche (f)	eyl asmar orobby (m)	أيّل أسمر أوروبي
chamois (m)	ʃamwah (f)	شامواه
sanglier (m)	χenzīr barry (m)	خنزير برّي
baleine (f)	ḥūt (m)	حوت
phoque (m)	foqma (f)	فقمة
morse (m)	el kab' (m)	الكبع
ours (m) de mer	foqmet el farā' (f)	فقمة الفراء
dauphin (m)	dolfīn (m)	دولفين
ours (m)	dobb (m)	دبّ
ours (m) blanc	dobb 'oṭṭby (m)	دبّ قطبي
panda (m)	banda (m)	باندا
singe (m)	'erd (m)	قرد
chimpanzé (m)	ʃimbanzy (m)	شيمبانزي
orang-outang (m)	orangutan (m)	أورنغوتان
gorille (m)	ɣorella (f)	غوريلا
macaque (m)	'erd el makāk (m)	قرد المكاك
gibbon (m)	gibbon (m)	جيبون
éléphant (m)	fīl (m)	فيل
rhinocéros (m)	χartīt (m)	خرتيت
girafe (f)	zarāfa (f)	زرافة
hippopotame (m)	faras el nahr (m)	فرس النهر
kangourou (m)	kangarū (m)	كانجّارو
koala (m)	el koala (m)	الكوالا
mangouste (f)	nems (m)	نمس
chinchilla (m)	ʃenʃila (f)	شنشيلة
mouffette (f)	ẓerbān (m)	ظربان
porc-épic (m)	nīṣ (m)	نيص

89. Les animaux domestiques

chat (m) (femelle)	'oṭṭa (f)	قطّة
chat (m) (mâle)	'oṭṭ (m)	قطّ
chien (m)	kalb (m)	كلب

cheval (m)	ḥoṣān (m)	حصان
étalon (m)	xeyl faḥl (m)	خيل فحل
jument (f)	faras (f)	فرس
vache (f)	ba'ara (f)	بقرة
taureau (m)	sore (m)	ثور
bœuf (m)	sore (m)	ثور
brebis (f)	xarūf (f)	خروف
mouton (m)	kebʃ (m)	كبش
chèvre (f)	meʿza (f)	معزة
bouc (m)	māʿez zakar (m)	ماعز ذكر
âne (m)	ḥomār (m)	حمار
mulet (m)	baɣl (m)	بغل
cochon (m)	xenzīr (m)	خنزير
pourceau (m)	xannūṣ (m)	خنّوص
lapin (m)	arnab (m)	أرنب
poule (f)	farxa (f)	فرخة
coq (m)	dīk (m)	ديك
canard (m)	baṭṭa (f)	بطّة
canard (m) mâle	dakar el baṭṭ (m)	ذكر البط
oie (f)	wezza (f)	وزّة
dindon (m)	dīk rūmy (m)	ديك رومي
dinde (f)	dīk rūmy (m)	ديك رومي
animaux (m pl) domestiques	ḥayawānāt dawāgen (pl)	حيوانات دواجن
apprivoisé (adj)	alīf	أليف
apprivoiser (vt)	rawweḍ	روّض
élever (vt)	rabba	ربى
ferme (f)	mazraʿa (f)	مزرعة
volaille (f)	dawāgen (pl)	دواجن
bétail (m)	māʃeya (f)	ماشية
troupeau (m)	qaṭeeʿ (m)	قطيع
écurie (f)	esṭabl xeyl (m)	إسطبل خيل
porcherie (f)	ḥazīret xanazīr (f)	حظيرة الخنازير
vacherie (f)	zerībet el ba'ar (f)	زريبة البقر
cabane (f) à lapins	qan el arāneb (m)	قن الأرانب
poulailler (m)	qan el ferāx (m)	قن الفراخ

90. Les oiseaux

oiseau (m)	ṭā'er (m)	طائر
pigeon (m)	ḥamāma (f)	حمامة
moineau (m)	ʿaṣfūr dawri (m)	عصفور دوري
mésange (f)	qarqaf (m)	قرقف
pie (f)	ʿaʿʿa' (m)	عقعق
corbeau (m)	ɣorāb aswad (m)	غراب أسود

corneille (f)	ɣorāb (m)	غراب
choucas (m)	zāɣ zarʿy (m)	زاغ زرعي
freux (m)	ɣorāb el qeyẓ (m)	غراب القيظ
canard (m)	baṭṭa (f)	بطّة
oie (f)	wezza (f)	وزّة
faisan (m)	tadarrog (m)	تدرج
aigle (m)	ʿeqāb (m)	عقاب
épervier (m)	el bāz (m)	الباز
faucon (m)	ṣaʾr (m)	صقر
vautour (m)	nesr (m)	نسر
condor (m)	kondor (m)	كندور
cygne (m)	el temm (m)	التمّ
grue (f)	karkiya (m)	كركية
cigogne (f)	loqloq (m)	لقلق
perroquet (m)	babaɣāʾ (m)	ببغاء
colibri (m)	ṭannān (m)	طنّان
paon (m)	ṭawūs (m)	طاووس
autruche (f)	naʿāma (f)	نعامة
héron (m)	belʃone (m)	بلشون
flamant (m)	flamingo (m)	فلامينجو
pélican (m)	bagʿa (f)	بجعة
rossignol (m)	ʿandalīb (m)	عندليب
hirondelle (f)	el sonūnū (m)	السنونو
merle (m)	somnet el ḥoqūl (m)	سمنة الحقول
grive (f)	somna moɣarreda (m)	سمنة مغرّدة
merle (m) noir	ʃaḥrūr aswad (m)	شحرور أسود
martinet (m)	semmāma (m)	سمّامة
alouette (f) des champs	qabra (f)	قبرة
caille (f)	semmān (m)	سمّان
pivert (m)	naʾār el χaʃab (m)	نقار الخشب
coucou (m)	weqwāq (m)	وقواق
chouette (f)	būma (f)	بومة
hibou (m)	būm orāsy (m)	بوم أوراسي
tétras (m)	dīk el χalang (m)	ديك الخلنج
tétras-lyre (m)	ṭyhūg aswad (m)	طيهوج أسود
perdrix (f)	el ḥagal (m)	الحجل
étourneau (m)	zerzūr (m)	زرزور
canari (m)	kanāry (m)	كناري
gélinotte (f) des bois	ṭyhūg el bondoʾ (m)	طيهوج البندق
pinson (m)	ʃarʃūr (m)	شرشور
bouvreuil (m)	deɣnāʃ (m)	دغناش
mouette (f)	nawras (m)	نورس
albatros (m)	el qoṭros (m)	القطرس
pingouin (m)	beṭrīq (m)	بطريق

91. Les poissons. Les animaux marins

brème (f)	abramīs (m)	أبراميس
carpe (f)	ʃabbūṭ (m)	شبّوط
perche (f)	farχ (m)	فرخ
silure (m)	ʾarmūṭ (m)	قرموط
brochet (m)	karāky (m)	كراكي
saumon (m)	salamon (m)	سلمون
esturgeon (m)	ḥafʃ (m)	حفش
hareng (m)	renga (f)	رنجة
saumon (m) atlantique	salamon aṭlasy (m)	سلمون أطلسي
maquereau (m)	makerel (m)	ماكريل
flet (m)	samak mefalṭah (f)	سمك مفلطح
sandre (f)	samak sandar (m)	سمك سندر
morue (f)	el qadd (m)	القد
thon (m)	tuna (f)	تونة
truite (f)	salamon meraʾʾaṭ (m)	سلمون مرقّط
anguille (f)	ḥankalīs (m)	حنكليس
torpille (f)	raʿād (m)	رعاد
murène (f)	moraya (f)	مورايية
piranha (m)	bīrana (f)	بيرانا
requin (m)	ʾerʃ (m)	قرش
dauphin (m)	dolfīn (m)	دولفين
baleine (f)	ḥūt (m)	حوت
crabe (m)	kaboria (m)	كابوريا
méduse (f)	ʾandīl el baḥr (m)	قنديل البحر
pieuvre (f), poulpe (m)	aχṭabūṭ (m)	أخطبوط
étoile (f) de mer	negmet el baḥr (f)	نجمة البحر
oursin (m)	qonfoz el baḥr (m)	قنفذ البحر
hippocampe (m)	ḥoṣān el baḥr (m)	حصان البحر
huître (f)	maḥār (m)	محار
crevette (f)	gammbary (m)	جمبري
homard (m)	estakoza (f)	استكوزا
langoustine (f)	estakoza (m)	استاكوزا

92. Les amphibiens. Les reptiles

serpent (m)	teʿbān (m)	ثعبان
venimeux (adj)	sām	سام
vipère (f)	afʿa (f)	أفعى
cobra (m)	kobra (m)	كوبرا
python (m)	teʿbān byton (m)	ثعبان بايثون
boa (m)	bawāʾ el ʿaṣera (f)	بواء العاصرة
couleuvre (f)	teʿbān el ʿoʃb (m)	ثعبان العشب

serpent (m) à sonnettes	afʿa megalgela (f)	أفعى مجلجلة
anaconda (m)	anakonda (f)	أناكوندا
lézard (m)	seḥliya (f)	سحليّة
iguane (m)	eɣwana (f)	إغوانة
varan (m)	warl (m)	ورل
salamandre (f)	salamander (m)	سلمندر
caméléon (m)	ḥerbāya (f)	حرباية
scorpion (m)	ʿaʾrab (m)	عقرب
tortue (f)	solḥefah (f)	سلحفاة
grenouille (f)	ḍeffḍaʿ (m)	ضفدع
crapaud (m)	ḍeffḍaʿ el ṭeyn (m)	ضفدع الطين
crocodile (m)	temsāḥ (m)	تمساح

93. Les insectes

insecte (m)	ḥaʃara (f)	حشرة
papillon (m)	farāʃa (f)	فراشة
fourmi (f)	namla (f)	نملة
mouche (f)	debbāna (f)	دبّانة
moustique (m)	namūsa (f)	ناموسة
scarabée (m)	χonfesa (f)	خنفسة
guêpe (f)	dabbūr (m)	دبّور
abeille (f)	naḥla (f)	نحلة
bourdon (m)	naḥla ṭannāna (f)	نحلة طنّانة
œstre (m)	naʿra (f)	نعرة
araignée (f)	ʿankabūt (m)	عنكبوت
toile (f) d'araignée	nasīg ʿankabūt (m)	نسيج عنكبوت
libellule (f)	yaʿsūb (m)	يعسوب
sauterelle (f)	garād (m)	جراد
papillon (m)	ʿetta (f)	عثّة
cafard (m)	ṣarṣūr (m)	صرصور
tique (f)	qarāda (f)	قرادة
puce (f)	barɣūt (m)	برغوث
moucheron (m)	baʿūḍa (f)	بعوضة
criquet (m)	garād (m)	جراد
escargot (m)	ḥalazōn (m)	حلزون
grillon (m)	ṣarṣūr el ḥaql (m)	صرصور الحقل
luciole (f)	yarāʿa (f)	يراعة
coccinelle (f)	χonfesa menaʾṭṭa (f)	خنفسة منقّطة
hanneton (m)	χonfesa motlefa lel nabāt (f)	خنفسة متلّفة للنبات
sangsue (f)	ʿalaqa (f)	علقة
chenille (f)	yasrūʿ (m)	يسروع
ver (m)	dūda (f)	دودة
larve (f)	yaraqa (f)	يرقة

LA FLORE

94. Les arbres

arbre (m)	ʃagara (f)	شجرة
à feuilles caduques	nafḍiya	نفضيّة
conifère (adj)	ṣonoberiya	صنوبرية
à feuilles persistantes	dā'emet el χoḍra	دائمة الخضرة
pommier (m)	ʃagaret toffāḥ (f)	شجرة تفّاح
poirier (m)	ʃagaret komettra (f)	شجرة كمثّرى
merisier (m), cerisier (m)	ʃagaret karaz (f)	شجرة كرز
prunier (m)	ʃagaret bar'ū' (f)	شجرة برقوق
bouleau (m)	batola (f)	بتولا
chêne (m)	ballūṭ (f)	بلّوط
tilleul (m)	zayzafūn (f)	زيزفون
tremble (m)	ḥūr rāgef	حور راجف
érable (m)	qayqab (f)	قيقب
épicéa (m)	rateng (f)	راتينج
pin (m)	ṣonober (f)	صنوبر
mélèze (m)	arziya (f)	أرزية
sapin (m)	tanūb (f)	تنوب
cèdre (m)	el orz (f)	الأرز
peuplier (m)	ḥūr (f)	حور
sorbier (m)	ɣobayrā' (f)	غبيراء
saule (m)	ṣefsāf (f)	صفصاف
aune (m)	gār el mā' (m)	جار الماء
hêtre (m)	el zān (f)	الزان
orme (m)	derdar (f)	دردار
frêne (m)	marān (f)	مران
marronnier (m)	kastanā' (f)	كستناء
magnolia (m)	maɣnolia (f)	ماغنوليا
palmier (m)	naχla (f)	نخلة
cyprès (m)	el soro (f)	السرو
palétuvier (m)	mangrūf (f)	مانجروف
baobab (m)	baobab (f)	باوباب
eucalyptus (m)	eukalyptus (f)	أوكالبتوس
séquoia (m)	sequoia (f)	سيكويا

95. Les arbustes

buisson (m)	ʃogeyra (f)	شجيرة
arbrisseau (m)	ʃogayrāt (pl)	شجيرات

vigne (f)	karma (f)	كرمة
vigne (f) (vignoble)	karam (m)	كرم
framboise (f)	zar'et tūt el 'alī' el aḥmar (f)	زرعة توت العليق الأحمر
groseille (f) rouge	keʃmeʃ aḥmar (m)	كشمش أحمر
groseille (f) verte	'enab el sa'lab (m)	عنب الثعلب
acacia (m)	aqaqia (f)	أقاقيا
berbéris (m)	berbarīs (m)	برباريس
jasmin (m)	yasmīn (m)	ياسمين
genévrier (m)	'ar'ar (m)	عرعر
rosier (m)	ʃogeyret ward (f)	شجيرة ورد
églantier (m)	ward el seyāg (pl)	ورد السياج

96. Les fruits. Les baies

fruit (m)	tamra (f)	تمرة
fruits (m pl)	tamr (m)	تمر
pomme (f)	toffāḥa (f)	تفّاحة
poire (f)	komettra (f)	كمّثرى
prune (f)	bar'ū' (m)	برقوق
fraise (f)	farawla (f)	فراولة
merise (f), cerise (f)	karaz (m)	كرز
raisin (m)	'enab (m)	عنب
framboise (f)	tūt el 'alī' el aḥmar (m)	توت العليق الأحمر
cassis (m)	keʃmeʃ aswad (m)	كشمش أسود
groseille (f) rouge	keʃmeʃ aḥmar (m)	كشمش أحمر
groseille (f) verte	'enab el sa'lab (m)	عنب الثعلب
canneberge (f)	'enabiya ḥāda el χebā' (m)	عنبية حادة الخباء
orange (f)	bortoqāl (m)	برتقال
mandarine (f)	yosfy (m)	يوسفي
ananas (m)	ananās (m)	أناناس
banane (f)	moze (m)	موز
datte (f)	tamr (m)	تمر
citron (m)	lymūn (m)	ليمون
abricot (m)	meʃmeʃ (f)	مشمش
pêche (f)	χawχa (f)	خوخة
kiwi (m)	kiwi (m)	كيوي
pamplemousse (m)	grabe frūt (m)	جريب فروت
baie (f)	tūt (m)	توت
baies (f pl)	tūt (pl)	توت
airelle (f) rouge	'enab el sore (m)	عنب الثور
fraise (f) des bois	farawla barriya (f)	فراولة برّيّة
myrtille (f)	'enab al aḥrāg (m)	عنب الأحراج

97. Les fleurs. Les plantes

fleur (f)	zahra (f)	زهرة
bouquet (m)	bokeyh (f)	بوكيه
rose (f)	warda (f)	وردة
tulipe (f)	tolīb (f)	توليب
oeillet (m)	'oronfol (m)	قرنفل
glaïeul (m)	el dalbūs (f)	الدَلَبُوث
bleuet (m)	qanṭeryūn ʿanbary (m)	قنطريون عنبري
campanule (f)	garīs mostadīr el awrā' (m)	جريس مستدير الأوراق
dent-de-lion (f)	handabā' (f)	هندباء
marguerite (f)	kamomile (f)	كاموميل
aloès (m)	el alowa (m)	الألوّة
cactus (m)	ṣabbār (m)	صبّار
ficus (m)	faykas (m)	فيّكس
lis (m)	zanbaq (f)	زنبق
géranium (m)	ɣarnūqy (f)	غرنوقي
jacinthe (f)	el lavender (f)	اللافندر
mimosa (m)	mimoza (f)	ميموزا
jonquille (f)	nerges (f)	نرجس
capucine (f)	abo χangar (f)	أبو خنجر
orchidée (f)	orkid (f)	أوركيد
pivoine (f)	fawnia (f)	فاوانيا
violette (f)	el banafseg (f)	البنفسج
pensée (f)	bansy (f)	بانسي
myosotis (m)	'āzān el fa'r (pl)	آذان الفأر
pâquerette (f)	aqwaḥān (f)	أقحوان
coquelicot (m)	el χoʃχāʃ (f)	الخشخاش
chanvre (m)	qanb (m)	قنب
menthe (f)	neʿnāʿ (m)	نعناع
muguet (m)	zanbaq el wādy (f)	زنبق الوادي
perce-neige (f)	zahrat el laban (f)	زهرة اللبن
ortie (f)	'arrāṣ (m)	قرّاص
oseille (f)	ḥammāḍ bostāny (m)	حمّاض بستاني
nénuphar (m)	niloferiya (f)	نيلوفرية
fougère (f)	sarχas (m)	سرخس
lichen (m)	aʃna (f)	أشنة
serre (f) tropicale	ṣoba (f)	صوبة
gazon (m)	ʿoʃb aχḍar (m)	عشب أخضر
parterre (m) de fleurs	geneynet zohūr (f)	جنينة زهور
plante (f)	nabāt (m)	نبات
herbe (f)	ʿoʃb (m)	عشب
brin (m) d'herbe	ʿoʃba (f)	عشبة

feuille (f)	wara'a (f)	ورقة
pétale (m)	wara'et el zahra (f)	ورقة الزهرة
tige (f)	sāq (f)	ساق
tubercule (m)	darna (f)	درنة
pousse (f)	nabta saɣīra (f)	نبتة صغيرة
épine (f)	ʃawka (f)	شوكة
fleurir (vi)	fattaḥet	فتّحت
se faner (vp)	debel	ذبل
odeur (f)	rīḥa (f)	ريحة
couper (vt)	'aṭa'	قطع
cueillir (fleurs)	'aṭaf	قطف

98. Les céréales

grains (m pl)	ḥobūb (pl)	حبوب
céréales (f pl) (plantes)	maḥaṣīl el ḥubūb (pl)	محاصيل الحبوب
épi (m)	sonbola (f)	سنبلة
blé (m)	'amḥ (m)	قمح
seigle (m)	ʃelm mazrū' (m)	شيلم مزروع
avoine (f)	ʃofān (m)	شوفان
millet (m)	el deχn (m)	الدُخن
orge (f)	ʃe'īr (m)	شعير
maïs (m)	dora (f)	ذرة
riz (m)	rozz (m)	رزّ
sarrasin (m)	ḥanṭa soda' (f)	حنطة سوداء
pois (m)	besella (f)	بسلّة
haricot (m)	faṣolya (f)	فاصوليا
soja (m)	fūl el ṣoya (m)	فول الصويا
lentille (f)	'ads (m)	عدس
fèves (f pl)	fūl (m)	فول

LES PAYS DU MONDE

99. Les pays du monde. Partie 1

Afghanistan (m)	afɣanistan (f)	أفغانستان
Albanie (f)	albānia (f)	ألبانيا
Allemagne (f)	almānya (f)	ألمانيا
Angleterre (f)	engeltera (f)	إنجلترا
Arabie (f) Saoudite	el soʿodiya (f)	السعوديّة
Argentine (f)	arʒantīn (f)	الأرجنتين
Arménie (f)	armīnia (f)	أرمينيا
Australie (f)	ostorālya (f)	أستراليا
Autriche (f)	el nemsa (f)	النمسا
Azerbaïdjan (m)	azrabiʒān (m)	أذربيجان
Bahamas (f pl)	gozor el bahāmas (pl)	جزر البهاماس
Bangladesh (m)	bangladeʃ (f)	بنجلاديش
Belgique (f)	balʒīka (f)	بلجيكا
Biélorussie (f)	belarūsia (f)	بيلاروسيا
Bolivie (f)	bolivia (f)	بوليفيا
Bosnie (f)	el bosna wel harsek (f)	البوسنة والهرسك
Brésil (m)	el barazīl (f)	البرازيل
Bulgarie (f)	bolɣāria (f)	بلغاريا
Cambodge (m)	kambodya (f)	كمبوديا
Canada (m)	kanada (f)	كندا
Chili (m)	tʃīly (f)	تشيلي
Chine (f)	el ṣīn (f)	الصين
Chypre (m)	ʾobroṣ (f)	قبرص
Colombie (f)	kolombia (f)	كولومبيا
Corée (f) du Nord	korea el ʃamāliya (f)	كوريا الشماليّة
Corée (f) du Sud	korea el ganūbiya (f)	كوريا الجنوبيّة
Croatie (f)	kroātya (f)	كرواتيا
Cuba (f)	kūba (f)	كوبا
Danemark (m)	el denmark (f)	الدنمارك
Écosse (f)	oskotlanda (f)	اسكتلندا
Égypte (f)	maṣr (f)	مصر
Équateur (m)	el equador (f)	الإكوادور
Espagne (f)	asbānya (f)	إسبانيا
Estonie (f)	estūnia (f)	إستونيا
Les États Unis	el welayāt el mottaḥda el amrīkiya (pl)	الولايات المتّحدة الأمريكيّة
Fédération (f) des Émirats Arabes Unis	el emārāt el ʿarabiya el mottaḥeda (pl)	الإمارات العربية المتّحدة
Finlande (f)	finlanda (f)	فنلندا
France (f)	faransa (f)	فرنسا
Géorgie (f)	ʒorʒia (f)	جورجيا
Ghana (m)	ɣana (f)	غانا

Grande-Bretagne (f)	briṭaniya el ʿozma (f)	بريطانيا العظمى
Grèce (f)	el yunān (f)	اليونان

100. Les pays du monde. Partie 2

Haïti (m)	haīti (f)	هايتي
Hongrie (f)	el magar (f)	المجر
Inde (f)	el hend (f)	الهند
Indonésie (f)	indonisya (f)	إندونيسيا
Iran (m)	iran (f)	إيران
Iraq (m)	el ʿerāq (m)	العراق
Irlande (f)	irelanda (f)	أيرلندا
Islande (f)	ʾāyslanda (f)	آيسلندا
Israël (m)	israʾīl (f)	إسرائيل
Italie (f)	eṭālia (f)	إيطاليا
Jamaïque (f)	ʒamayka (f)	جامايكا
Japon (m)	el yabān (f)	اليابان
Jordanie (f)	el ordon (m)	الأردن
Kazakhstan (m)	kazaχistān (f)	كازاخستّان
Kenya (m)	kenya (f)	كينيا
Kirghizistan (m)	qirɣizestān (f)	قيرغيزستان
Koweït (m)	el kuweyt (f)	الكويت
Laos (m)	laos (f)	لاوس
Lettonie (f)	latvia (f)	لاتفيا
Liban (m)	lebnān (f)	لبنان
Libye (f)	libya (f)	ليبيا
Liechtenstein (m)	liʃtenʃtayn (m)	ليشتنشتاين
Lituanie (f)	litwānia (f)	ليتوانيا
Luxembourg (m)	luksemburg (f)	لوكسمبورج
Macédoine (f)	maqdūnia (f)	مقدونيا
Madagascar (f)	madaɣaʃkar (f)	مدغشقر
Malaisie (f)	malīzya (f)	ماليزيا
Malte (f)	malṭa (f)	مالطا
Maroc (m)	el maɣreb (m)	المغرب
Mexique (m)	el maksīk (f)	المكسيك
Moldavie (f)	moldāvia (f)	مولدافيا
Monaco (m)	monako (f)	موناكو
Mongolie (f)	manɣūlia (f)	منغوليا
Monténégro (m)	el gabal el aswad (m)	الجبل الأسوّد
Myanmar (m)	myanmar (f)	ميانمار
Namibie (f)	namibia (f)	ناميبيا
Népal (m)	nebāl (f)	نيبال
Norvège (f)	el nerwīg (f)	النرويج
Nouvelle Zélande (f)	nyu zelanda (f)	نيوزيلنّدا
Ouzbékistan (m)	uzbakistān (f)	أوزبكستان

101. Les pays du monde. Partie 3

Pakistan (m)	bakistān (f)	باكستان
Palestine (f)	felesṭīn (f)	فلسطين
Panamá (m)	banama (f)	بنما
Paraguay (m)	baraguay (f)	باراجواي
Pays-Bas (m)	holanda (f)	هولندا
Pérou (m)	beru (f)	بيرو
Pologne (f)	bolanda (f)	بولّندا
Polynésie (f) Française	bolenezia el faransiya (f)	بولينزيا الفرنسيّة
Portugal (m)	el bortoɣāl (f)	البرتغال
République (f) Dominicaine	gomhoriya el dominikan (f)	جمهوريّة الدومينيكان
République (f) Sud-africaine	afreqia el ganūbiya (f)	أفريقيا الجنوبيّة
République (f) Tchèque	gomhoriya el tʃīk (f)	جمهورية التشيك
Roumanie (f)	romānia (f)	رومانيا
Russie (f)	rūsya (f)	روسيا
Sénégal (m)	el senɣāl (f)	السنغال
Serbie (f)	ṣerbia (f)	صربيا
Slovaquie (f)	slovākia (f)	سلوفاكيا
Slovénie (f)	slovenia (f)	سلوفينيا
Suède (f)	el sweyd (f)	السويد
Suisse (f)	swesra (f)	سويسرا
Surinam (m)	surinam (f)	سورينام
Syrie (f)	soria (f)	سوريا
Tadjikistan (m)	ṭaʒīkistan (f)	طاجيكستان
Taïwan (m)	taywān (f)	تايوان
Tanzanie (f)	tanznia (f)	تنزانيا
Tasmanie (f)	tasmania (f)	تاسمانيا
Thaïlande (f)	tayland (f)	تايلاند
Tunisie (f)	tunis (f)	تونس
Turkménistan (m)	turkmānistān (f)	تركمانستان
Turquie (f)	turkia (f)	تركيا
Ukraine (f)	okrānia (f)	أوكرانيا
Uruguay (m)	uruguay (f)	أوروجواي
Vatican (m)	el vatikān (m)	الفاتيكان
Venezuela (f)	venzweyla (f)	فنزويلا
Vietnam (m)	vietnām (f)	فيتنام
Zanzibar (m)	zanʒibār (f)	زنجبار

www.ingramcontent.com/pod-product-compliance
Lightning Source LLC
Chambersburg PA
CBHW070833050426
42452CB00011B/2256
9781787167988

GEORGIANO

VOCABULÁRIO

PORTUGUÊS BRASILEIRO

PORTUGUÊS GEORGIANO

Para alargar o seu léxico e apurar as suas competências linguísticas

3000 palavras

...rtuguês Brasileiro-Georgiano - 3000 palavras

Voc...

Por...

...s da T&P Books destinam-se a ajudar a aprender, a memorizar, e a rever ...ngeiras. O dicionário é dividido em temas, cobrindo todas as principais ...dades quotidianas, negócios, ciência, cultura, etc.

...e aprendizagem, utilizando os dicionários baseados em temáticas da T&P ...as seguintes vantagens:

...ção de origem corretamente agrupada predetermina o sucesso em fases ...entes da memorização de palavras

...bilização de palavras derivadas da mesma raiz, o que permite a memorização ...ades de texto (em vez de palavras separadas)

...nas unidades de palavras facilitam o processo de estabelecimento de vínculos ...ativos necessários para a consolidação do vocabulário

...el de conhecimento da língua pode ser estimado pelo número de palavras ...didas

T&P Books Publishing
www.tpbooks.com

ISBN: 978-1-78767-415-8

Este livro também está disponível em formato E-book.
Por favor visite www.tpbooks.com ou as principais livrarias on-line.

VOCABULÁRIO GEORGIANO
palavras mais úteis

Os vocabulários da T&P Books destinam-se a ajudar a aprender, a memorizar, e a rever palavras estrangeiras. O vocabulário contém mais de 3000 palavras de uso comum organizadas tematicamente.

O vocabulário contém as palavras mais comummente usadas
Recomendado como adicional para qualquer curso de línguas
Satisfaz as necessidades dos iniciados e dos alunos avançados de línguas estrangeiras
Conveniente para o uso diário, sessões de revisão e atividades de auto-teste
Permite avaliar o seu vocabulário

Características especias do vocabulário

- As palavras estão organizadas de acordo com o seu significado, e não por ordem alfabética
- As palavras são apresentadas em três colunas para facilitar os processos de revisão e auto-teste
- As palavras compostas são divididas em pequenos blocos para facilitar o processo de aprendizagem
- O vocabulário oferece uma transcrição simples e adequada de cada palavra estrangeira

O vocabulário contém 101 tópicos incluindo:

Conceitos básicos, Números, Cores, Meses, Estações do ano, Unidades de medida, Roupas & Acessórios, Alimentos & Nutrição, Restaurante, Membros da Família, Parentes, Caráter, Sentimentos, Emoções, Doenças, Cidade, Passeios, Compras, Dinheiro, Casa, Lar, Escritório, Trabalho no Escritório, Importação & Exportação, Marketing, Pesquisa de Emprego, Esportes, Educação, Computador, Internet, Ferramentas, Natureza, Países, Nacionalidades e muito mais ...

TABELA DE CONTEÚDOS